Katharina und Antonius Linnemann

Paderborner Stadtgeschichten

Paderborner
Stadtgeschichten

Von alten Hasen und jungen Hüpfern

Impressum

ISBN-Nr. 978-3-00-044231-5

Verlag: Buchhandlung Linnemann Paderborn
Herausgeber: Paderborner/Literatur/Forum
Katharina und Antonius Linnemann
Markus Runte

Gesamtherstellung:
Huxaria Druckerei GmbH
Verlag und Werbeagentur Höxter
Ulla Mersch aus ihrem Kalender „Paderborner Impressionen 2014“

Titelbild: Jennifer Drüke

Die Herausgeber danken Grit Kästing, Ute Schöttler und
Marcus Linnemann für die konstruktive Mitarbeit.

Inhaltsverzeichnis

GEDICHTE

10 Jahre Paderborner/Literatur/Forum

Das im Jahr 2003 von der Buchhandlung Linnemann und vom Paderborner Museum für Stadtgeschichte ins Leben gerufene Paderborner/Literatur/Forum feiert in diesem Jahr sein 10jähriges Bestehen. In zahlreichen Lesungen haben in den vergangenen Jahren heimische, aber auch überregional bekannte Autoren und Autorinnen ihr literarisches Schaffen im Adam-und-Eva-Haus, eine der ältesten und schönsten Bürgerhäuser der Stadt, einem interessierten Publikum vorgestellt.

Im Jubiläumsjahr hat das Team des Paderborner/Literatur/Forums zu einem Schreib- und Geschichtenwettbewerb aufgerufen, in dem es um die kleinen und großen individuellen Stadtgeschichten Paderborns ging. „Von früher bis heute, von gestern bis morgen" – unter diesem Motto konnten interessierte Paderborner/innen, aber auch jene von außerhalb, die unsere lebendige Stadt schätzen und lieben, ihre Erlebnisse über das Leben an und mit der Pader einreichen.

Zahlreiche Autoren/Autorinnen haben diese Gelegenheit genutzt und uns ihre Erinnerungen, ihre Erlebnisse und Eindrücke, aber auch ihre Visionen zur Paderstadt geschickt. Durch sie werden vergangene Zeiten wieder lebendig, wird gelebte und erlebte Stadtgeschichte vermittelt, wird durch aufmerksames Beobachten der Aktualität das heutige Leben in der modernen Stadt am Puls der Zeit deutlich. Die Zeit ist ein wichtiger Faktor in der Wahrnehmung und Beschreibung dieser Erlebnisse. Durch sie werden die ständigen Veränderungen, aber auch eine sich ständig im Wandel befindende Stadt, wie es bereits Manfred Sack in dem Buch „Veränderungen. Paderborn 1937–83" beschrieben hat, deutlich: „Alles fließt, die Welt ist kein Zustand, sondern ein Vorgang, eine Stadt kein Gegenstand, sondern ein Geschehnis, dessen Anfang manchmal bekannt ist, dessen Ende in den Sternen steht."

Herausgekommen ist ein Buch mit Stadtgeschichten, die ein lebendiges, liebenswürdiges und facettenreiches Paderborn wiedergeben, ein Buch, das Vergangenes und Gegenwärtiges, aber auch die Zukunft einfühlsam vereint. Die Erzählungen sind erheiternd, machen nachdenklich und neugierig und stimmen in jedem Fall auf den Besuch und das Leben in Paderborn ein.
Wir wünschen Ihnen, liebe Leserin, lieber Leser, einen interessanten Einblick und laden Sie zu einem Gang durch das gegenwärtige literarische Paderborn ein!

Das Team des Paderborner/Literatur/Forums

Katharina und Antonius Linnemann
Buchhandlung Linnemann

Markus Runte
Museum für Stadtgeschichte im Adam-und-Eva-Haus

Dieter Bartha

Die Causa Libori

Mit allem hatte ich gerechnet, nur nicht damit, dass man mir, als ich nach langem, zermürbendem Warten endlich vor Petrus stand, vorhält, ich hätte mich in der Zeit, in der ich hier in dieser Stadt ein höheres Amt innehatte, gegenüber den Feierlichkeiten zu Ehren des heiligen Liborius stets betont reserviert gezeigt. Natürlich hatte ich mich zur Rechtfertigung meines irdischen Verhaltens umfassend vorbereitet, auch auf knifflige Fragen. Aber in der festen Überzeugung, in meiner Kirche wehe ein universaler Geist, hatte ich mich bei dieser meiner Vorbereitung an übergeordneten, allgemeingültigeren Maßstäben orientiert und deswegen bei selbstkritischer Prüfung dessen, was ich in den mehr als zwanzig Jahren Dienst für die Stadt getan oder mitunter auch unterlassen hatte, mein Augenmerk nicht auf das eher lokale Geschehen um Libori gerichtet. Was blieb mir anderes übrig, ich musste auf die Vorhaltungen einräumen, dass ich zur Eröffnung des kirchlichen Teils des Liborifestes nie im Hohen Dom gesessen habe. Meine regelmäßige Teilnahme, wenn es um den weltlichen Part dieses hohen zweigeteilten Festes ging, wollten Petrus und die beiden anderen Männer, die ihm assistierten und mich in ihrem Habitus irgendwie an Beigeordnete erinnerten, nicht gelten lassen. „Das war rein weltlich“, sagte der eine von diesen beiden herablassend. Etwas anderes hatte ich auch gar nicht behauptet.

Genauso wenig überzeugte mein Hinweis, dass ich keine Einladung zum Liborimahl ausgeschlagen habe, bei dem doch stets auch hohe Geistlichkeit zugegen ist und wo vor der mit historischen Reminiszenzen begründeten kärglichen Mahlzeit ein dazu besonders Berufener für alle ein Gebet spricht, das mir allerdings in seiner idiomatischen Ausprägung nie recht ins Ohr wollte. Dass das Liborimahl im Übrigen jedenfalls früher in der höchst drangvollen Enge des alten Ratssaales eine harte körperliche Prüfung war, verkniff ich mir zu sagen. Ich hatte es schließlich zwanzig Mal ausgehalten. Eine für kurze Zeit eintretende Gesprächspause versuchte ich dafür zu nutzen, mir eine Strategie für eine effektivere Verteidigung und gegebenenfalls für einen – natürlich maßvollen – Gegenangriff auszudenken. Der andere assistierende Beigeordnete, der müde aussah und bis dahin noch nichts gesagt halte, funkte mir aber mit unerwartet schneidender Stimme dazwischen: „Wenn du denn wenigstens bei den Schützen mitgemacht hättest!“ Das verstand ich erst gar nicht. In Gedanken noch halbwegs beim Liborimahl, dachte ich an die wackeren Schützenbrüder, die es alljährlich übernehmen, zum Brot und der trockenen Wurst des Liborimahls das Bier in schweren Krügen aufzutragen. Aber das konnte der Assistent schwerlich gemeint haben. „Warum gerade bei den Schützen?“, fragte ich deshalb. „Weil die, obwohl der Welt sehr zugewandt, gerade in dieser deiner Stadt der Kirche eng verbunden sind, wie sich beim Liborifest für jeden erkennbar zeigt.“ „Stimmt!“, sagte ich, was dem Assistenten aber ersichtlich missfiel; er brauchte wohl von einem wie mir keine Bestätigung. „Na, und? Warum auch den Schützen gegenüber diese Zurückhaltung?“ Seine Stimme klang jetzt noch einen Grad schneidiger. „Gewiss, den grünen Rock habe ich nicht getragen“, gestand ich ein, „dafür aber lange genug den grauen - bis zum Major.“ Während ich meinte, in der Miene von Petrus wohlwollendes Verständnis lesen zu können, deutete der Assistent eine wegwerfende Handbewegung an und brummte: „Major - gibt‘s auch bei den Schützen.“ Ich hätte in dem Zusammenhang auch sagen müssen, dass mir die Feuerwehr, diese segensreiche Einrichtung, einen Verdienstorden verliehen und mich zudem mit großen Ehren verabschiedet hat. Das fiel mir in dem Moment aber nicht ein, und wahrscheinlich wäre das mit der großen

Ehre auch nicht gut angekommen, und der Sache mit meinem Verdienstorden hätte man sicher gleich entgegengehalten, ich wisse doch wohl, dass manch ein Schütze die ganze Brust voller Orden und Ehrenzeichen trage.
Ich merkte, dass Petrus ungeduldig wurde. Er griff zu einem dicken Buch, blätterte darin vorwärts und rückwärts, zeigte hin und wieder wortlos den beiden anderen Männern eine wahrscheinlich bedeutsame Stelle, während ich armer Tropf da saß und auf das Verdikt wartete. Plötzlich sah er auf, ließ das Buch auf seine Knie sinken und schaute mich mit einem mitleidvollen Blick an. „Bevor dich die Stadt in ihre Dienste genommen hat, hast du, wie ich sehe, lange in einer Gegend gelebt, wo man vom heiligen Liborius, und wohl nicht nur von dem, nichts weiß." Jetzt sagte ich natürlich nicht wieder „stimmt", sondern erklärte, einen Hoffnungsschimmer vor Augen, dass ich zuvor etliche Jahre in Nordhessen in Diensten gewesen sei. Die zwei Beigeordneten wandten ihre Köpfe wie elektrisiert zu Petrus. „Nordhessen?", sagte der eine. Darauf der andere: „Wie - Nordhessen?" Petrus nickte stumm.
Die drei drehten mir den Rücken zu und steckten die Köpfe zusammen. Kurz darauf verkündete Petrus als Ergebnis des Konsiliums, man wolle die Causa Libori nicht weiterverfolgen, ich sei exkulpiert. Und dann sagte er auf einmal in einem ganz trockenen Ton, ich könne jetzt nach Hause gehen. Ich war über diese ganz unerwartete Wendung sehr irritiert, aber seis drum – ich ging.
Seit ich wieder zu Hause bin, nehme ich jedes Jahr an allen Veranstaltungen zu Libori teil, kirchlichen wie weltlichen. Ob ich mich allerdings auch den Schützen anschließe, das überlege ich noch.

Gundi Bernartz

Auf dem Berg

Als er sie sieht, weiß er, dass er auf diesen Moment gewartet hat. Und ist doch nicht darauf gefasst. Mitten in diesem Menschengewühl, in diesem Geschiebe und Gedränge ein Rempler – und da steht sie. Alles dreht sich, nicht nur die Karussells ringsum. Sämtliche Laute dringen nur noch wie durch Watte zu ihm, einzig ihre Stimme erreicht ihn. Ihr freudiges Hallo. Die anderen Gesichter verschwimmen, der klebrig-süße Geruch gebrannter Mandeln wird verdrängt vom Duft ihres Parfums, als sie ihn zur Begrüßung umarmt. Hey, so eine Überraschung! Wie lange ist das her, seit wir uns zuletzt gesehen haben? Wie geht es dir? Komm, wir holen uns was Kühles zum Trinken, das wollte ich sowieso, bei dieser Wärme. Ist echt schon lange her, dass es auf Libori mal so heiß war. Dahinten der Biergarten – komm, lass uns erzählen. Sie fasst seinen Arm und zieht ihn mit sich, weg von den sich vorwärts schiebenden Leuten. Sein Schwindel lässt nach und die Konturen werden wieder schärfer. Er sieht sie an, nickt. Ihre Energie, ihr Übermut – sie scheint sich kein bisschen verändert zu haben. Er überlegt, wie lange es her ist ... aber das ist jetzt nicht wichtig, alles, was zählt, ist dieser Augenblick. Die Kirmesbesucher rundherum nichts als Statisten in einer lauten, bunten Kulisse. Von Bedeutung ist nur, neben ihr zu gehen, sie wegen der Enge immer wieder zwangsläufig zu berühren. Was sie auf dem Weg zum Biergarten reden, daran wird er sich später kaum noch erinnern. Aber ganz genau daran, wie es sich anfühlt, sie neben sich zu wissen, für eine kurze Wegstrecke wieder diese Vertrautheit zu spüren. Sein Gewissen hat ihm nie erlaubt, sie noch einmal anzurufen. Heute hat es keine Chance. Sie lachen, albern herum wie früher. Obwohl der Biergarten sehr gut besucht ist, finden sie einen schattigen Platz,

ganz am Ende unter einer Gruppe von alten, weit ausladenden Bäumen. Der Tisch scheint extra für sie dorthin gestellt worden zu sein, etwas abseits, etwas im Dunkel. Gleichzeitig greifen sie nach einem Blatt, das mitten auf das blumengemusterte Wachstuch segelt. Ihre Hände berühren sich. Blicke. Verlegenheit. Etwas Verbotenes ist da, beginnt, in die lockere Stimmung einzudringen und ihr etwas von der bisherigen Leichtigkeit zu nehmen.
Hastig steht sie auf, um etwas zu trinken zu holen. Er sieht ihr nach. Plötzlich fühlt er sich unwohl. Wäre es nicht besser, sie käme nicht zurück? Besser, wenn er nur von ihr geträumt hätte in der flimmrigen Hitze? Nur geträumt. Wie so oft. Viel zu oft. Er schließt die Augen, lehnt sich zurück, spürt einen Windhauch im Nacken. Über ihm das leise rauschende Blätterdach ... Er hat seine Augen noch immer geschlossen, als er unter etwas Eiskaltem zusammenzuckt, das seinen Arm berührt. Ihre Freude über seinen erschrockenen Blick, als sie das Glas vor ihm abstellt. Die Befangenheit ist vorüber, sie reden, lachen, bis ihr Blick auf die Uhr ihm den Atem stocken lässt. Wie viel Zeit hat sie noch? Er schluckt. Nie ist ihnen genug Zeit geblieben. Wird auch jetzt nicht bleiben. Ihr immer noch viel zu vertrautes Lächeln. Seine unausgesprochenen Fragen. Sagen kann er nichts mehr, ihr nur tief in die Augen schauen. Blicke, die sie jetzt erwidert. Immer noch. Immer wieder. Wie damals. Wie immer. Längst liegt seine Hand auf ihrer, sind ihre Stühle Stück für Stück aneinandergerückt. Ihr Gesicht nah vor seinem. In Stunden wie dieser gibt es keine anderen Arme, die draußen in der Welt warten. Davon soll jetzt keine Rede sein. Was sie und ihn anbelangt, schien immer außerhalb der Realität zu geschehen, ohne zu erklären, ohne zu rechtfertigen. Warum sollte sich das geändert haben? Jenseits des Biergartens dudelt die Musik von all den Buden und Fahrgeschäften. Kinder schreien und toben, über den Bäumen segeln zwei Luftballons. Auf diese Stunde hat er gewartet, lange wird er davon leben müssen.

Brigitte Braun

Pottmarkt

Sie geht über den Paderborner Pottmarkt; der Duft von Kräuterbonbons weht ihr entgegen. Plötzlich ist sie wieder fünfzehn, schlendert mit Jürgen Hand in Hand an den Ständen mit Süßigkeiten vorbei. Er kauft eine kleine Tüte Himbeerbonbons, steckt ihr eins in den Mund und küsst sie im versteckten Winkel zwischen den Dommauern. Süß und dunkelrot ist ihr Mund. Jahre später sind es nicht mehr die Süßigkeiten, die sie reizen. Nun stöbert sie in farbigen Schals, hängt sich bunte, mit Pailletten bestickte Taschen um und setzt sich immer wieder neue Ringe auf. Kichernd steht sie mit ihrer Freundin vor dem Stand, an dem riesige rosa Büstenhalter und umfangreiche Korsetts von der Stange baumeln. Wieder Jahre später wirft sie nur noch einen flüchtigen Blick auf die Schmuckstände, die bunten, mit winzigen Spiegeln besetzten indischen Westen. Sie braucht eine neue Pfanne und einen Milchtopf. Nur vom Gewürzstand lässt sie sich verführen, kauft Ingwerwurzeln und Curry. Zuletzt noch eine Tüte Fruchtgummis für die Kinder.

Heute braucht sie auch das nicht mehr. Auf ihren schwarzen Stock gestützt, sucht sie den Stand mit Fußbalsam, ersteht ein Fläschchen japanisches Heilpflanzenöl, das sich schon oft bewährt hat.

Und ganz zuletzt kauft sie eine kleine Tüte Himbeerbonbons.

Marion Bunte

Der Platz

Es schneit leicht, und es ist dunkel, aber noch früh am Abend. Der Platz mit kleinen Häusern und Lampenlicht hinter den Fenstern wirkt auf mich frei und groß. Er erscheint mir fast rund. Weiter hinten, noch im Kreis, ein Klostergebäude, ebenfalls mit teilweise erleuchteten großen Fenstern. Links vorne ein klein wirkender Kirchenbau. Der Schnee schluckt Geräusche. Die Lichter wirken weich, fast heimelig. Im Zauber dieser Stimmung schaue ich nach unten in eine längst vergangene Zeit. Mauern, Teile von Stufen, Gewölbeeingänge, erkennbare Wege – ausgegraben, offen – wie verletzt. Kein Mensch zu sehen, nur diese weiche, weiße Stille. Raum und Zeit verschwimmen. Ein Zittern kriecht in mir hoch. Mein Herz fängt an zu rasen, ich bin tief berührt. Das kann doch nicht sein denke ich, rufe mich zur Ordnung und verlasse mit wackeligen Beinen den Ort. Das Gefühl ändert sich nur langsam. Um mich herum ist alles wie sonst auch, nur dass ich jetzt fast nach Hause renne. Völlig verunsichert nehme ich mir vor, morgen wieder dorthin zu gehen - ich spinne doch nicht?! In der Nacht schlafe ich nicht gut. Am nächsten Tag schneit es nicht mehr, aber der Schnee ist liegen geblieben. Es ist dunkel und sternenklar. So, heute wird alles anders sein, jetzt behalte ich aber einen klaren Kopf! Schon der Weg dorthin lässt mein Herz schneller schlagen. Der Platz mit den verletzten Mauern am Grund ist wieder menschenleer. Er zieht mich förmlich an. Durch den Schnee sieht alles hell und friedlich aus. Die erleuchteten Fenster wirken vertraut, es ist wie am Tag zuvor. Wieder verliere ich mich, Herzklopfen und feuchte Hände. Gedanken schießen mir wie Fetzen durch den Kopf – mittelalterliches Leben läuft wie ein Film vor meinen Augen ab. Plötzlich höre ich Menschen die miteinander reden, lachende und

schreiende Kinder, Pferdegetrappel – jetzt spinne ich doch! Ich sehe mich um, nichts hat sich verändert. Ich höre es aber doch deutlich.
Wie in Trance bewege ich mich auf die Geräuschkulisse zu, geh Stufen hinunter und befinde mich in einer engen Gasse. Es riecht unangenehm. Frauen in einfachen Kleidern begegnen mir. Sie sehen mich an, kommen auf mich zu, reden auf mich ein und ziehen mich mit sich. Ich kann sie nicht verstehen, es scheint, als hätten sie auf mich gewartet. Sie schleppen mich in ein Haus. Auch hier hat man mich wohl erwartet. Im Nu wird mir meine Kleidung ausgezogen und man zwängt mich ebenfalls in ein einfaches Kleid. Kinder laufen herum, beobachten mich neugierig mit ernsten Gesichtern und in großem Abstand. Jetzt werde ich unsanft zur Tür hinausgeschoben und durch enge Gassen zu einem Platz geführt. Alles Blut in mir erstarrt – es ist ein Scheiterhaufen. Sie schieben mich vorwärts. Ich bin zu keiner eigenen Bewegung fähig. Neiiiin! Schreit es aus mir heraus - und ich blicke auf die verletzten Mauern. Das kann doch nicht sein! Habe ich wirklich geschrien, hat mich jemand gehört oder gesehen? Panisch verlasse ich den Platz mit Herzrasen und weichen Knien. Ich erzähle niemandem davon und gehe auch in den nächsten Tagen nicht dorthin. Ein paar Tage später habe ich mich etwas beruhigt und mache mich erneut auf den Weg. Natürlich habe ich mir eine Erklärung für das Erlebte zurechtgelegt: Ausgrabungen, Mittelalter, davon habe ich gehört und gelesen, der Rest hat sich verselbständigt. Das Herzklopfen begleitet mich den ganzen Weg und ich gehe langsam. Neiiin!, das kann nicht wahr sein: Ein Zaun! Ich laufe wie ein gefangenes Tier am Zaun entlang.
Es ist dunkel, es hat leicht geschneit, die Fenster sind erleuchtet. Ich bin den Tränen nahe. Etwas habe ich verloren, es schmerzt. Die verletzten Mauern hinter dem Zaun erreichen meine Seele nicht mehr. Wieder zu Hause suche ich wie besessen nach der Vorgeschichte Paderborns und werde fündig. Es

hat an diesem Platz in frühgeschichtlicher Zeit eine Siedlung gegeben – Aspethera. Jetzt muss ich wissen was das bedeutet. Terra (lat. Erde) kann ich noch gut zuordnen. Nach langem Suchen finde ich heraus: Aspe, auch Espe genannt. Eine Siedlung, die vielleicht von Espen umgeben war.
Das neue Hotel dort trägt den Namen Aspethera. Es steht auf „meinem Platz“ und lädt zum Bleiben ein.

Hans-Joachim Chollet

Auf den Hund gekommen

Ab und zu besucht uns Eberhart aus seinem Dorf im Paderborner Land in der Kreisstadt und berichtet von dem, was ihm alles widerfährt, und dann setzt er zu einem seiner beliebten Vorträge an, die man möglichst nicht unterbrechen sollte, weil sich sonst aus einer Geschichte gleich weitere ergeben, und man müsste seinen Tagesplan verändern, wenn man einen hätte. –„Bärenfeld ist ja nur ein Dorf, aber es wohnen immer weniger Bauern dort – mehr solche wie ich, die die Landwirtschaft eher am Feierabend betreiben, aber jeder Möchtegern-Landwirt hat natürlich einen Hund. In Bärenfeld gibt es mehr Hunde als Kinder, schätze ich mal,
und ich verschätze mich selten. Wir haben keinen Hund, das heißt: Wir hatten keinen Hund, und das ließ meiner Frau keine Ruhe. Schließlich hat sie einen Hof geerbt, glücklicherweise ohne Hund, dachte ich. Sie hätte doch mit mir zufrieden sein können, aber ich kann natürlich so ein Tier nicht ersetzen, obwohl ich auch bellen kann. Kurz und gut, ich war eines Tages ihr Jammern leid und machte mich auf den Weg ins Tierheim. Da ist jeder willkommen, der die Raumnot der Tiere verringert,

indem er eines mitnimmt. Ich hatte die Qual der Wahl: Alle guckten mich bissig oder traurig an, und einer guckte weg, als ob ich gar nicht da wäre. Na ja, Sie wissen ja: Wer mich ignoriert, weckt mein Interesse, und ich wollte natürlich auch nicht so ein Modehündchen haben oder ein Fellbündel, das mir aus der Hosentasche gucken muss, wenn es die Gegend beobachten soll. Das war ein richtiger Hund für meine 2,04 m. „Wie heißt der?“ fragte ich die Tierpflegerin, die mich wie eine gütige Fee durch das Tierasyl begleitete. „Wir nennen ihn Prinz.“ „Das geht nicht“, sagte ich, „ich habe kein Schloss, sondern einen schlichten Hof in Bärenfeld, wenn Sie wissen, wo das liegt.“

„Sie können ihn nennen, wie Sie wollen“, erklärte sie, „Hauptsache, er hört auf den Namen. Manchmal ist er schwerhörig, wenn Sie wissen, was ich meine.“ Kurz und gut, ich nahm diese Mischung aus Bernhardiner und Schäferhund mit nach Hause, und als meine Frau sah, wen ich da mit ins Haus brachte, schlug sie die Hände überm Kopf zusammen und rief: „Schreck lass nach – ein Monstrum im Haus reicht mir schon.“ Ab da hatte er seinen Namen weg – nein, nicht „Monstrum“, sondern „Schreck lass nach“. Und was soll ich Ihnen sagen: Das Auffälligste an ihm war seine Schwerhörigkeit. Ich konnte ihn tausendmal „Schreck lass nach“ rufen - es war immer ein Lotteriespiel, ob er zu kommen geruhte. Sogar zum Bellen war er zu bequem. Aber er sollte ja auch durch seine Größe wirken, nicht durch seine Lautstärke. Sogar Nachbar Elmar war zufrieden: „Es reicht, wenn er da ist. Er schreckt jeden Dieb ab und schützt auch noch den Nachbarhof. Das gefällt mir an Schreck-lass-nach.“ So durfte der Hund auch Elmars Grundstück inspizieren und bewachen. Es hätte alles so gut weitergehen können, wenn mir Schreck-lass-nach nicht eines Tages ein Kaninchen vor die Füße gelegt hätte. Ich erkannte es sofort – es war Elmars Lieblingskaninchen, und das hatte sich der Hund geholt, als ob er mit ihm spielen wollte. Es war keine äußerliche Wunde erkennbar, aber tot war es schon. Ich hatte bisher nichts von der Vorliebe meines Hundes für friedliche Kaninchen geahnt. Wie gut, dass Elmar es nicht mitbekommen hatte – er war nach Detmold gefahren. Was tun? Zuerst habe ich Schreck-lass-nach eine Standpauke gehalten, die er mit erstaunten Augen über sich ergehen ließ, dann habe ich ihn angeleint und ihm verboten, noch einmal Elmars Hof zu betreten, dann habe ich das Kaninchen gewaschen und herausgeputzt und in seinen Stall zurückgebracht. Wenig später erschien Elmar ganz aufgelöst bei mir – er hatte das Malheur also gleich entdeckt: „Stell dir vor: Bevor ich weggefahren bin, ist mein Lieblingskaninchen gestorben, und ich habe es im Garten begraben. Und als ich jetzt mit dem neuen Zuchtbock – Hansi kränkelte ja schon lange – aus Detmold zurückkomme, liegt er wieder im Stall. Kannst du mir das erklären?" „Aber er ist tot?", vergewisserte ich mich. „Natürlich ist er tot", erwiderte Elmar empört über meine Frage. ‚Von Auferstehung bei Kaninchen habe ich noch nie gehört. – Hast du etwas damit zu tun?"

Es war mir wirklich peinlich, wie ich ihm die Wahrheit beibringen sollte, aber ich wollte Schreck-lass-nach auch nicht in die Pfanne hauen. „Hast du etwa den Stall offen gelassen?" fragte ich stattdessen. „Das weiß ich nicht, das ist doch auch egal", entgegnete Elmar. „Eben nicht", sagte ich. „Vor ungefähr zwei Stunden habe ich Schreck-lass-nach mit einem Tier im Maul über deinen Hof laufen sehen. Vielleicht hat er das frisch begrabene Kaninchen gerochen, ausgebuddelt und wieder in seinen Stall zurückgebracht. Er ist sehr ordnungsliebend."

„Und vorher hat er es auch noch gewaschen, was?" Elmar kann auch spotten! „Als Schreck-lass-nach am Teich vorbeigelaufen ist, hat er Hansi kurz fallen gelassen. Es gibt für alles eine Erklärung", sagte ich. „Du hast für alles eine Erklärung. Ich wusste doch gleich, dass du oder dein Hund dahinterstecken. Aber ich habe jetzt keine Zeit für weitere Diskussionen.

Ich muss mich um den neuen Bock kümmern." „So schnell schon?" fragte ich, aber das hat Elmar nicht mehr gehört. Und ich musste zu Schreck-lass-nach gehen und mich bei ihm für die Standpauke entschuldigen und ihn wieder von der Leine lassen. Schließlich ist er ein freier Hund, und eigentlich ist mir bei der Gelegenheit das Wort nur so herausgerutscht, gar nicht absichtlich. Ich habe ihn mich entschuldigend „Liebling" genannt, und da hat er mir den Kopf zugewandt und mich mit seinen treuen Augen so angeblickt, dass mir ganz anders geworden ist. Ich habe das gleich mehrmals ausprobiert, und jedes Mal hat er reagiert. Dabei schien er doch schwerhörig zu sein. Jetzt rufe ich ihn immer „Liebling", und er folgt mir auf dem Fuße - von wegen „Prinz" oder „Schreck-lass-Nach".
Nur eine Schwierigkeit hat sich aufgetan: Ich rufe meine Frau manchmal genauso, und wenn sie guter Laune ist, reagiert sie auch in angemessenem zeitlichen Abstand, aber der Hund ist einfach schneller. Ich habe das Problem jedoch lösen können: ich rufe meine Frau jetzt „Mausi". Darauf reagiert der Hund gar nicht, meine Frau - eher. Und unseren Katzen ist eine akustische Maus egal, solange sie genug andere in freier Wildbahn haben. Und neulich habe ich einen stillen Triumph feiern können: Meine Frau hat erstmals „Liebling" gerufen, und beinahe wäre ich zu ihr hingelaufen, aber der Hund war einfach schneller. Das finde ich toll: Jetzt hat auch sie den Namenswechsel akzeptiert ...

Andreas Dierkes

Schicksalsschranke

Dass ein Paderborner Bahnübergang die Welt einmal an den Rand des Untergangs führen könnte – damit hätte wohl niemand gerechnet. Schließlich geschah dort am Rosentor nichts anderes als an allen übrigen Bahnübergängen auch, nämlich die Sicherung der friedlichen Koexistenz von Fußgängern, Autos und Zügen durch ruhige Auf- und Abwärtsbewegungen einer Schranke. Zugegeben, die rot-weiß gestreifte Barriere hatte im Laufe der Zeit gehörig an Sympathiewerten eingebüßt, weil sie äußerst unberechenbar geworden war und der Versuch eines ungehinderten Gangs in die Innenstadt einem Glücksspiel glich, bei dem auf lange Sicht immer die Bahn gewann. An einigen Tagen hob sich die Schranke aus ökonomischen Gründen überhaupt nicht mehr, mit der Folge, dass der Verkehr auf den umliegenden Straßen zum Stillstand kam. Böse Kommentare im Internet verspotteten die alte Bischofsstadt schon als „schwarz und beschränkt", da senkte sich der Schlagbaum des Schicksals auf Paderborn.

Es war an einem dieser ostwestfälischen Julitage, an denen sich die gleißende Hitze der Innenstadt und die Ausdünstungen der umliegenden Bauernhöfe zu einer aromatisch-jauchzenden Sommerkakophonie vermengen. Ein unscheinbares Wohnmobil bildete den Kopf der Wartereihe vor der Absperrung. Zehn Minuten lang geschah nichts, dann stieg der Fahrer aus, holte einen Klappstuhl aus dem Mobil, stellte ihn vor der Schranke auf und ließ sich mit einem zufriedenen Grunzen darin nieder – ein einzelner Sonnenanbeter unter dem Andreaskreuz. Wie auf ein Zeichen packten daraufhin die Besitzer des zweiten Wagens in der Schlange eine Campingausrüstung aus, bauten ihr Zelt auf und warfen den

Grill an. Durch den Rauch der anglühenden Kohle sah man bereits, wie sich die nächsten Autos in Parkposition brachten, und nach einer halben Stunde glich der Bahnübergang einem Campingplatz, der sich zunehmend auf die anliegenden städtischen Parkplätze ausweitete. Die Ankunft der Camper wirkte auf die stets geschäftstüchtigen Paderborner wie ein Startsignal. Entlang des nun offenbar permanent abgeriegelten Schienenstrangs gesellten sich binnen Kurzem unzählige Verkaufsstände, Geschäfte, Lokale und Clubs zu dem bisher eher einsamen Kiosk und der Dönerbude, sodass man von Pommes Schranke bis zu Geländewagen schnell alles erwerben konnte, was das Camperherz begehrte. Zur kulturellen Ergötzung der bald über 5000 Dauercamper entstand nach Abriss von 31 Altbauten eine kleine Arena, weitere Teile der Kernstadt wurden für die Errichtung eines Casinos, einer Wellnessoase und eines Vergnügungsparks „restrukturiert". Der Dom, die Kaiserpfalz und die Abdinghofkirche mussten einem Cityflughafen weichen, um Touristen die Anreise zum neuen Urlaubsparadies an der Schranke zu ermöglichen. Prominenz aus Musik-, Film- und Kunstszene pilgerte an die Paderschienen, Ölmilliardäre aus aller Welt ließen ihre Jachten per Transporthubschrauber in den Padersee abseilen und für Politiker bekam die regelmäßige mediale Präsenz an der Pader oberste Priorität.
So auch für die Bundeskanzlerin. Sie war an einem lauschigen Sonntagnachmittag an den Bahnübergang gekommen und gab sich pressewirksam volksnah, indem sie einen Schal des SC Paderborn gleich einem Lasso über dem Kopf kreisen ließ – als sich die Schranke plötzlich öffnete. Langsam, schwerfällig und quietschend stemmten sich die Balken in die Höhe, bis sie wie überdimensionale Zuckerstangen ein Spalier bildeten für den Weg – nach drüben. Dem anderen Teil Paderborns, abgeschnitten vom Glanz und Ruhm der aufsteigenden Metropolis. Zunächst stand die Kanzlerin

fassungslos ob dieser unvermuteten Wende. Dann platzte es aus ihr heraus: „Die Schranke muss weg!“ Überwältigt von der Erleuchtung, dass sich hier offensichtlich Geschichte wiederholte, ging sie auf die Schienen zu, überquerte sie mit zügigen Schritten und rannte schließlich mit euphorischen Rufen in den vormals abgegrenzten Stadtteil: „Ich bin das Volk!“ Bevor die Umstehenden reagieren konnten, war die Schranke schon wieder krachend nach unten gefallen. Hierdurch verzögerte sich die Verfolgung der Kanzlerin erheblich, sodass man sie erst nach zwei Tagen auf dem Hinterhof eines Supermarktes fand, völlig erschöpft in einer Bananenkiste sitzend und „Helmut, Helmut“ wimmernd. Zu diesem Zeitpunkt hatte allerdings schon die Sitzung des UN-Sicherheitsrates begonnen, in der über einen Militärschlag entschieden werden sollte, der langfristig alle Atommächte auf den Plan gerufen und die Welt ins Chaos gestürzt hätte. Die Kanzlerin hatte in New York einen Vorschlag zur friedlichen Beilegung der Krise unterbreiten wollen. Stattdessen saß sie nun in Bananen. In Paderborn. Die Welt zitterte, und die Federhalter zur Unterzeichnung der folgenschweren Resolutionen wurden bereits gefüllt. In letzter Sekunde deklarierten PR-Berater den Aussetzer der Kanzlerin als eine Mahnaktion für den Frieden mit dem Motto „Bananen statt Bomben“. Von New York bis Peking sorgten die Bilder von der Kanzlerin in der Kiste für Tränen der Rührung. Die Füller wurden weggepackt, der Krieg abgesagt, und sämtliche Mitglieder des Sicherheitsrates flogen nach Paderborn, um die Friedensaktivistin im Krankenhaus zu besuchen. Nach ihrer Genesung erklärte die Kanzlerin im Beisein des UNO-Generalsekretärs die Schranke zum Weltkulturerbe. Und so wurde aus dem ehemaligen Dorn im Auge Paderborns das Rosentor zum Weltfrieden.

Ann-Britta Dohle

Bekanntschaft mit einer alten Dame

(Eine Hommage an „Emmy“)

Die Alte hatte sich wohl verlaufen. Was wollte sie um ein Uhr dreißig im Paderquellgebiet? Wie ein Gespenst machte sie sich aus zwischen den knorrigen Weiden, den schlafenden Häusern, den verlassenen Spielgeräten und dem dahinplätschernden Bachlauf. Er hatte sie gar nicht bemerkt, bis sie plötzlich direkt vor ihm auftauchte. Er musste wohl auf der Bank eingenickt sein, nachdem er verzweifelt versucht hatte, irgendwo einen Schuss aufzutreiben.

Da stand sie vor ihm. Wäre er nicht so benebelt, hätte er sofort die Chance erkannt, die sich ihm durch ihr Auftauchen bot. Doch so war er eine Schrecksekunde lang irritiert. Die Alte hatte ihn bemerkt und fixierte ihn nun ebenfalls. Sie sah entschlossen aus, er hätte nicht zu sagen vermocht, wozu. Ihm etwas anzutun? Was hatte dieses eingemummte Schreckgespenst nachts auf einem Kinderspielplatz zu suchen, durchfuhr es ihn. Seine eigene fragwürdige Anwesenheit an diesem Ort stellte er nicht in Frage.

Idiotischerweise versuchte er nun, das Schild hinter der Alten zu entziffern, auf dem grau auf grau stand, dass der Spielplatz bis spätestens Einbruch der Dämmerung freigegeben war. Also doch nicht nachts, durchfuhr es ihn.

Des Nachts gehörte der Ort den lustvollen Quellgeistern und Liebespärchen, manchmal den Stadtfixern, selten den Fremden, wie er einer war. Sein Kopf schmerzte, und in seinem ausgedörrten Körper erwachte bereits wieder dieses Verlangen nach Flucht und Schwerelosigkeit. Er musste handeln. Die Alte kam ihm gerade recht, wenn sich seine Glieder nur nicht so ungelenk anfühlen würden ... Eigentlich hatte er auf dem

Weg nach Hamburg Paderborn nur streifen wollen, jetzt war er schon fünf Tage und sechs Nächte hier hängen geblieben. Und er fühlte sich hundeselend, seitdem er versuchte, clean zu werden, wie er es seiner Freundin versprochen hatte. Maike. Aber die Versuchung war so groß wie sein Verlangen.
Die Alte verschwamm vor seinen Augen und er sah bereits ihre breite Silhouette im Dunkel verschwinden. Mit ungeahnter Kraft sprang er auf und setze zu einem Spurt an, wie in früheren Jahren und folgte ihr um die Ecke, bemüht, möglichst lautlos aufzutreten. Beinahe wäre er über die Steinkante gestolpert und in der Pader gelandet, gerade noch rechtzeitig gewann er seine Balance zurück.
Sie hatte vor einer schmucklosen Hausfassade haltgemacht und drehte ihm den Rücken zu. Er fühlte seine Kraft zurückkehren. „Warte, Oma." Dann weiter: „Geld her."
Seine Stimme klang jetzt kalt und sicher, professionell, so wie er es eingeübt hatte. Für den Notfall. Er hatte sich hinter ihr aufgebaut und fingerte in der Jackentasche an seinem Messer herum, als ihn ein Schlag traf. Er sackte sofort zusammen. Dabei weniger von der Wucht des Treffers auf sein Knie als vielmehr von der unerwarteten Blamage, die er spürte. Ein Rückschlag – in doppelter Hinsicht. Ungläubig schaute er die Alte an, die sich jetzt auch noch nach ihm bückte und ihm unmittelbar in die Augen schaute.
„Kerl", giftete sie ihn an. „Was erlaubst du Dir mit einer Dame. Du kannst froh sein, dass ich nicht deine Oma bin, dann ginge es dir jetzt dreckig. Du lässt mich sofort in Ruhe, haben wir uns verstanden, oder ich werde sämtliche Edelherren, und damit meine ich die Junkies und Stadtfixer des Paderquellgebiets, auf dich ansetzen. Das sind feine Jungs, die sich zu benehmen verstehen und denen ich Respekt zolle wie sie mir. Und dann bist du hier den längsten Tag gewesen. Nun im Klartext, damit du mich verstehst: Die machen dich alle. Taktlose Menschen wie du haben hier in dieser Stadt keine Chance."

Letztes hatte sie fast mitleidig ausgesprochen. Das träumte er doch bloß? Stand da wirklich diese Hexe mit kurzen weißen Haaren, einer gedrungenen Figur und maßregelte ihn? Den Stock, auf den sie sich eben noch schwer gestützt hatte, hielt sie elegant auf ihn gerichtet wie einen Degen.
„Schau mich nicht an wie den Geist Hamlets", rügte ihn die Alte weiter. Jetzt nahm sie den Stock herunter. „Der bin ich nicht, sei froh, dass ich nicht weiß, was du auf dem Kerbholz hast, Jungchen. Oder wolltest du dich an Schillers Räuber versuchen. Aber was ist dann dein Motiv? Du erscheinst mir eher ein recht modernes Trauerspiel abzugeben."
„Äh, was meinen sie ... ich ... Entschuldigung ...", stammelte er drauflos. „Entschuldigung, pah. Im Nachhinein tut es euch immer leid. Aber bilde dir bloß nicht ein, ich reiche dir jetzt die Hand zu einer Harald und Maud-Geschichte, danach ist mir mit dir nicht zumute. Für dieses Rollenfach scheint mir dein Intellekt auch nicht geschaffen, deine Vorstellung vorhin war ebenfalls recht mager ... außerdem wirkst Du ein wenig ..." sie überlegte kurz: „... zu reif. Um nicht zu verbraucht sagen zu müssen, was deinen momentanen Zustand aber genauer bezeichnen würde."
Eine Röte stieg ihm ins Gesicht und gleichzeitig machte sich ein warmes Gefühl im Bauch breit, wie seit Jahren nicht mehr. Damals als seine Mutter noch lebte, hatte sie ihn auch ausgeschimpft, aber es hatte ihn nicht gestört. Im Gegenteil, er hatte sich beachtet gefühlt. Das besänftigende Gurgeln und Schmatzen des kleinen Wehrs mischte sich angenehm unter die kurz auftauchenden Bilder, Gerüche stiegen ihm in die Nase, ein bestimmter Tonfall ... seiner Mutter, aber auch Maike ..." „He, du. Hörst du mir überhaupt zu? Du weißt wahrscheinlich nicht einmal, wovon ich spreche?" Sie sah ihn streng an. Er hatte sich inzwischen aufgerappelt, und die Alte stand noch immer imposant vor ihm. Dann hörte er sich selber sprechen: „Ich heiße nicht Karl und habe auch keinen Bruder Franz. Und

mein Vater hat mir nie im Leben auch nur eine einzige Mail geschrieben, geschweige denn einen Brief, in dem er mich enterben würde. Er hat nichts zu vererben, mal abgesehen von ein paar leeren Flaschen."
Die Alte musterte ihn plötzlich neugierig oder kam es ihm nur so vor. Dann sagte sie lakonisch: „Du wirkst auch eher wie Clavigo, kannst Dich auch nicht entscheiden." „Die Welt urteilet nach dem Scheine" 1, zitierte der Junge. Er glaubte, bei ihr ein Lächeln bemerkt zu haben. „Komm morgen", sagte die Alte, „dann reden wir weiter." „Wohin?" Die kantige Dame schien ihn nur belustigt anzuschauen. „Ich empfange dich ab zehn Uhr. Falls dir dein Hirn morgen einen Streich spielen sollte und du mal wieder vergessen hast, wer du bist: frag nach Emmy." Sie schloss die Türe des Mehrparteienhauses auf und verschwand. Am Horizont zeichnete sich bereits ein rötlich-silberner Streif ab.

Literaturhinweise:

„Die Räuber" (1781), Drama von Friedrich Schiller
„Hamlet" (1603), Tragödie von William Shakespeare
„Harald und Maude", Spielfilm von 1971
(Drehbuch: Colin Higgins / Regie: Hal Ashby)
„Clavigo", Trauerspiel von Johann Wolfgang Goethe
1) Zitat aus „Clavigo", Johann Wolfgang Goethe

Der Kamp
Paderborn
Paderborn
Der Kamp

Anne Steinwart

Die Hoffnung

Die Hoffnung ist
eine Tür
zu einem anderen Land
Die Hoffnung ist
ein Gedicht
ein Lied
ein Gesicht
Die Hoffnung ist
eine Hand in deiner Hand

Die Hoffnung ist
eine Spur die dir vorausgeht.

Hildegard Eikel

Sonntagskleider und Seidenstrümpfe

Aufgewachsen bin ich hier in Paderborn in einer reichen Familie, reich an Kindern, Onkeln, Tanten, Omas, Opas, Vettern und Cousinen, Freundinnen, Freunden sowie liebevollen Nachbarn, die bei jeder Gelegenheit, Taufen, Erstkommunionen, Hochzeiten, Namens - und Geburtstagen meiner Eltern und anderen Festen herbeiströmten. Zu unserer Großfamilie zählte ich heimlich auch einen Schulfreund meines Vaters hinzu, unseren Pfarrer, und vor allem dessen Vikar, der seine Plätzchendose öffnete, sobald ich im
Pfarrhaus erschien. Gehörte vielleicht auch der Straßenbah schaffner dazu, der seine Fahrgäste mit den Worten: „Wir warten noch einen kleinen Augenblick, Herr Koch ist noch nicht da ...“ zur Geduld mahnte, wenn mein Vater sich einmal nach der Mittagspause um ein oder zwei Minuten verspätete?
Auch besaßen wir einen großen Garten mit vielen Obstbäumen und jeder Menge Stachel - Johannis - und Himbeersträucher, Rhabarberstauden, Erdbeeren, Möhren, Radieschen und was sonst das Herz eines kleinen Mädchens erfreuen kann. Zu den Reichtümern meiner Kindheit gehörten auch Tiere; Katzen, Kaninchen, Hühner, Enten, Fische und jede Menge Bienen, die uns in guten Sommern ganze Kübel voll Honig bescherten. Wir besaßen ein großes Haus mit vielen Zimmern und ein Treppenhaus, dessen Stufen mit
roten Kokosläufern bespannt waren, deren Messingstangen jeden Freitag geputzt wurden. Wir hatten auch jede Menge Musikinstrumente, alle Kinder bekamen Flöten- und Klavierunterricht bei Fräulein Kaufmann in der Riemekestraße, wo man im Hausflur die Schuhe gegen Filzpantoffeln austauschte, um das Parkett zu schonen. Fahrräder, Rollschuhe, Schlittschuhe, Bälle und jede Menge Spiele sowie Puppen standen

mir zur Verfügung, die sich im Laufe der Jahre angesammelt hatten, und auf die meine älteren Geschwister keinen Wert mehr legten. Zu Weihnachten hatten wir einen Christbaum, der vom Boden bis zur Decke des Herrenzimmers reichte und auf dessen Spitze ein goldener Engel thronte. Und wir besaßen einen Onkel in Amerika, Onkel Joe, einen Bruder meines Vaters, der zusammen mit seiner Frau Tilli in jungen Jahren über den Großen Teich ins Land der unbegrenzten Möglichkeiten ausgewandert war und dort sein Glück gemacht hatte. Nun bewohnten sie eine Villa in einer vornehmen Gegend, hatten einen Verlag und zwei Töchter, Martha und Ruth, die zwar im ungefähr gleichen Alter waren wie meine Schwestern, aber wesentlich größer von Gestalt.

Wenn die praktische Tante Tilli neue Kleider für ihre Töchter anschaffte, kaufte sie jeweils drei der gleichen Sorte. Sobald ihre Kinder aus den Kleidern herausgewachsen waren, kamen wir Mädchen in den zweifelhaften Genuss, wie Drillinge gekleidet zu werden. Auf diese Weise trafen eines Tages drei grasgrüne Hängerchen mit abknöpfbarem Tellerkragen, die bei feierlichen Anlässen durch weiße, gestärkte Spitzenkrägelchen ersetzt wurden, in Paderborn ein. „Du siehst aus wie ein Frosch", rief meine älteste Schwester bei meinem Anblick und kam so lange aus dem Lachen nicht heraus, bis ihr selbst zugemutet wurde, eins dieser auffälligen Gewänder anzuziehen. Es passte. Damit hatte sie nicht gerechnet. Ihr Gelächter verstummte augenblicklich.

Gleich am nächsten Sonntag spazierten wir zusammen mit unseren drei Brüdern und den Eltern, angetan mit diesen grasgrünen Kleidern, zu Tante Schneidewind in die Goldgrund. Die machte Augen, als sie uns kommen sah. Mit uns gerechnet hatte sie schon, schließlich rückten wir wenigstens einmal im Monat bei ihr an, aber nicht in dieser Aufmachung. Sicher hat sie uns in ihrer zurückhaltenden Art Komplimente gemacht, aber daran erinnern kann ich mich nicht. Sowohl in der Scheune und in den Ställen der Tante Schneidewind, als auch auf dem Dachboden meiner Großeltern väterlicherseits an der Kasseler Straße, zu denen wir an den dazwischenliegenden Sonntagen marschierten, wenn nicht bei uns selbst ein Anlass zum Feiern bestand, erwiesen sich diese Kleider zu unserem Kummer als außerordentlich strapazierfähig und praktisch unverwüstlich. Auf dem Hinweg genierten wir uns noch damit, auf dem Rückweg fühlten wir uns nicht mehr so aufgeputzt: Die mit Zuckerwasser aufgedrehten Haare hatten sich aus den Zöpfen gelöst, und die abscheulichen Froschkleider waren, wenn auch weitgehend knitterfrei, doch ein wenig ramponiert.

Mit das Beste an den Besuchen bei Tante Schneidewind waren die riesigen, selbst gebackenen dunklen Brotscheiben mit frischer Butter darauf, die es zum Kaffee an dem langen, weiß gescheuerten Holztisch gab, auf dem es von Fliegen nur so wimmelte; und die Düppe Wurstebrei, die wir, wenn sie geschlachtet hatten, nach Haus tragen durften. Die belegten Tortenböden bei Oma und Opa Stadt, den Eltern meines Vaters, waren dazu keine echte Konkurrenz. Tante Tilli war es auch, die uns nach dem Krieg die ersten dünnen Nylonstrümpfe schickte.

Niemand zog sie an, denn meine Mutter sowie alle meine Tanten waren der Ansicht, dass diese hauchdünnen, spinnwebartigen Gebilde schon auf dem Hinweg in die Stadt zerfallen würden. Aber die mutige Tante Toni, die eines Tages kein einziges Paar Strümpfe ohne Loch mehr besaß, wagte sich damit auf die Straße, und siehe da, sie kam heil damit in die Stadt und auch noch zurück „Zur schönen Aussicht". Ab sofort waren die Strumpfhosen aus Amerika begehrte Objekte bei der gesamten weiblichen Verwandtschaft. Als der Krieg begann, war ich fünf. Meine älteren Brüder wurden direkt nach dem Abitur eingezogen, der Jüngste geriet schließlich noch als Flakhelfer mit fünfzehn Jahren in französische Gefangenschaft.

Ende 1943 starb unsere vielgeliebte Großmutter, die zusammen mit unserem Dienstmädchen die herrlichsten Mahlzeiten bereitet hatte, köstliche Pickert briet, die mit Butter und Pflaumenmus beschmiert wurden, die Heringe selbst einlegte und eine wundervolle Graupensuppe kochte, mein Leib - und Magengericht, dessentwegen ich schneller von der Schule nach Hause lief als gewöhnlich. Im Januar 1945 wurde unser Haus von Bomben zerstört, und unsere Restfamilie kam bei fremden Menschen unter. Die Idylle meiner Kindheit endete nicht abrupt, aber unausweichlich.

Dr. Volker Garske

Der Clown

Ich sah ihn schon von Weitem. Seine orangefarbene Perücke verriet seine Position in der Menschenmenge, die jetzt, da der vergoldete Schrein mit den Reliquien des Heiligen vorbeigetragen wurde, gebannt auf die Prozession starrte und für ihn kaum noch Augen hatte. Am frühen Mittag schon hatte ich mich mit ein paar Freunden vor dem großen Verlagshaus getroffen, weil man von hier aus einen guten Blick auf die Prozession hatte und zugleich direkt nebenan ein italienisches Restaurant war, das draußen kleine Speisen und diverse Weine anbot, auf die wir uns besonders freuten. Auch konnte man hier dem großen Trubel direkt an der Hauptstraße aus dem Wege gehen, der unweigerlich sofort entstand, wenn wie jetzt der Schrein mit dem großen Gefolge aus Trägern, Klerikern, Messdienern, Schützen und Musikkappellen erschien. Von überallher strömten die Menschen, bis sie dicht gedrängt am Straßenrand standen. Wir hatten uns nicht getäuscht, man hatte von hier aus den Trubel recht gut im Blick und nie das Gefühl, etwas wirklich Wichtiges zu verpassen, auch wenn die Menge sich immer wieder wie ein defekter Theatervorhang nur kurz öffnete, die Personen der Prozession für Sekunden flüchtig freigab, um sich alsbald wieder ganz zu schließen und erneut ansatzweise zu öffnen. Jetzt stand die Sonne hoch, und der Wein schmeckte angenehm frisch, und überall hing der Duft von frisch gerösteten mediterranen Speisen. Aus irgendeinem Grund musste die Prozession zum Stehen gekommen sein, ich konnte schemenhaft die Schreinträger mit ihren schwarz-grünen Baretts erkennen, unter denen sie mächtig schwitzen mussten, darüber den Schrein des Heiligen, zu dessen Ehren das Fest Jahr für Jahr organisiert wurde. Auch der Pfauenwedel, der vor dem Sarg getragen wurde, ruhte jetzt. Der Clown nutzte die Pause und überquerte jetzt direkt zwischen Pfauenwedel und Schrein die Straße, zwängte sich durch die Menschenmasse und hielt dann direkt auf uns. Ich konnte nun erst sehen, dass er mit einer Hand ein Paket Zeitungen trug, die andere griff in die Tasche seiner bunten, breiten Hose. Ein paar Kinder, die kein großes Interesse an der Prozession hatten, schauten skeptisch zu ihm auf, bis er seine Hand wieder aus der Tasche zog und ihnen Lutscher überreichte, wobei er sein fragendes Gesicht plötzlich geschickt freundlich verzog.

Die Kinder lächelten ein wenig verschämt. Während ich seine Maske fixierte, nahm ich noch wahr, dass sich in seinem Rücken die Prozession mühsam wieder in Bewegung setzte. Einige Schützen und Kleriker liefen aufgeregt umher und gestikulierten wild. Für Sekunden gab die Menge den Blick frei für den Bischof unter seinem Baldachin, er reckte aufgeregt seinen Hals und schaute ratlos drein, als würde er verzweifelt nach einer Ursache des Stillstandes suchen. Dann stand der Clown vor mir und überreichte eine Zeitung.

„Vielleicht ist das was für dich“, sagte er. „Was machst du

hier?", fragte ich und realisierte erst beim Blick auf die Zeitung, wie überflüssig meine Frage war. „Ich mache Faxen."
„Das meine ich nicht", antwortete ich freundlich, aber ungeduldig. „Mich interessiert, warum du hier bist."
„Ich mache Faxen, verschenke Süßes und verkaufe ab und zu eine Zeitung." Er lächelte, und ich konnte sehen, dass es kein antrainiertes Lächeln war. Er lächelte wirklich. „Da", sagte er und zeigte auf die Fotos vom Titelblatt. „Alles Obdachlose." Er machte eine Pause. „Wie ich", fügte er plötzlich hinzu.
„Verstehe", sagte ich leise und immer noch nicht ganz zufrieden. „Trinkst du ein Glas Wein mit uns?"
Ich bemerkte, dass meine Freunde mittlerweile ihre Gespräche eingestellt hatten und nun gespannt abwarteten, was sich aus meiner Situation entwickeln würde.
„Lieber ein Bier", antwortete er. Ich winkte dem Kellner und bestellte. „Was mich wirklich interessiert", begann ich einen neuen Versuch, „ist deine Geschichte."
„Oh", sagte er, „das dauert etwas, willst du das wirklich hören?" „Ja", erwiderte ich. Der Kellner kam, stellte die Gläser ab, und ich bezahlte. „Danke", sagte der Clown und nahm einen großen Schluck. „Auf dein Wohl!" „Auf dein Wohl!", gab ich zurück. Wieder musste ich unwillkürlich an seiner Maske vorbei schauen. Ich konnte sehen, wie die Prozession nun endgültig abzog, während die Bläser einsetzten. Über den Köpfen der Menschenmenge war der goldene Schrein jetzt gut zu sehen, schwerfällig, wie ein havariertes Schiff schwankte der große Kasten mit den Knochen des Heiligen auf den Schultern der Träger hin und her, bis er mit ihnen hinter einer Kurve am Horizont verschwand. Jetzt würde man den Schrein zur Verehrung in den Dom bringen.
Der Clown nahm noch einen Schluck und stützte sich dann gemütlich auf dem Stehtisch ab. „Also gut", stieg er ein, „in aller Kürze: Früher einmal war ich ein erfolgreicher Geschäftsmann. Ich hatte eine Villa in München, zwei Kinder, eine tolle

Frau, wie ich meinte." Hier stockte er. Jetzt erst wurde mir sein bayerischer Dialekt so richtig bewusst, den er aber gut verbarg. Ich hatte einmal davon gehört, dass gute Geschäftsleute jederzeit bei wichtigen Verhandlungen von ihrem Dialekt einigermaßen ins Hochdeutsch übergehen konnten. Jetzt griff er offensichtlich auf dieses Geschick zurück.

„Eines Tages kam ich früher nach Hause als geplant. Meine Frau hatte eine Affäre über mehrere Monate, und ich hatte von alledem nichts bemerkt - bis zu dem Tag. Der Rest ist schnell erzählt: Die deutsche Rechtsprechung nahm mir bei der Scheidung alles: meine Kinder, die Hälfte meines Vermögens einschließlich meines Hauses. Ich habe während der Verhandlungen mein Leben noch einmal wie in einem Film vor mir gesehen. Man sagt ja, dass, wenn Menschen sterben, sie noch einmal in Sekunden ihr Leben vor ihrem geistigen Auge ablaufen sehen. Aber ich wusste nicht, dass das auch für Scheidungen gilt." Er trank einen Schluck und erzählte in dem sachlichen Tonfall weiter. „Das ist ja das Verrückte. Mein ganzes Leben hatte ich für diese Frau und meine Kinder eingesetzt. Jetzt kam der Film meines Lebens zum Ende."

„Aber du bist ja hier", unterbrach ich ihn. Das liegt an dem Satz, an den ich nach der Scheidung immer wieder denken musste. Als ich meine Frau mit ihrem Liebhaber an jenem Tag überraschte, rechnete sie mit mir ab, und ich glaube manchmal, dass es nicht nur die Wut über die Entdeckung dieser Sache war. Vielleicht steckte doch viel Wahres dahinter." Er nahm wieder einen Schluck vom Bier, und ich nutzte die Zeit: „Was hat sie dir damals gesagt?"

„Ach, alles Mögliche, dass ich zu viel Zeit im Büro verbracht hätte, mich zu wenig um sie und die Kinder gekümmert hätte und so weiter, das übliche eben. Irgendwann aber sagte sie – ich kann es noch fast wörtlich wiedergeben, weil sich dieser Tonfall, der Hass, so eingeprägt hat: „Und weißt du was? Du warst für mich all die Jahre nichts weiter als ein Pausenclown!“ Er schwieg und schaute mich fragend an. „Da hast du die Antwort auf deine Frage.“ Ich verstand so schnell nicht. Er bemerkte meine Verzweiflung. „Nach der Scheidung hörte ich in mir permanent dieses eine Wort: Pausenclown. Das ist mir Richtig an die Nieren gegangen.“ Ich sah wieder an ihm vorbei in die Richtung, wo eben noch die Prozesion zu Ehren des Heiligen vorbeigezogen war. Der Pulk hatte sich aufgelöst, und die meisten drängten zu den Bierständen, die an jeder Ecke aufgestellt worden waren. „Dann kam mir eine Idee“, sagte er und lächelte verschmitzt. „Warum nicht wirklich Clown werden? Ich wollte etwas ganz Anderes mit meinem Leben anfangen, da sowieso alles weg war. Alles in mir war so leer. Ich ging dann zu denen, denen es ähnlich erging wie mir. Da habe ich mich von allem getrennt, alles, meine Möbel, die Kleidung, verschenkt und bin mit meinen Habseligkeiten zu den Pennern unter die Isarbrücken gezogen. Ich lebe heute noch da ... Er trank wieder etwas. Ich wollte ihn nicht unterbrechen, obwohl ich viele Fragen hatte.

„Mit meinem Geld können wir unsere Zeitung finanzieren. Wir schreiben darin über unser Leben, vor allem aber über unsere Projekte. Ich verteile als Clown die Zeitungen auf den großen Jahrmärkten und versuche, auf uns aufmerksam zu machen. Und im Winter bin ich der Weihnachtsmann in den Innenstädten von Stuttgart und München. Meine größte Freude ist es, den Kindern kleine Geschenke zu machen, die ich von meinen alten Ersparnissen finanzieren kann.“ Er lächelte wieder und ich sah ihm dabei an, dass er mit sich im Reinen war.

„Das war es, du musst entschuldigen, aber ich muss weiter.“

„Natürlich“, sagte ich schnell und wollte noch etwas fragen, aber da trank er hastig den letzten Rest und gab mir freundlich die Hand. Dann lachte er wieder künstlich und ging so auf Kinder zu. Erst als er hinter der nächsten Biegung verschwand, wurde mir bewusst, dass er von mir kein Geld für die Zeitung erhalten hatte. Dann sah ich noch einmal in Richtung der

Hauptstraße. Zwei Schützenbrüder, die die Prozession des Heiligen begleitet hatten, kamen in ihrer Tracht vom Dom zurück. Sie waren betrunken.

Natascha Hefenbrock

Am Ikenberg

Kunigunde blickt aus dem hohen Fenster hinaus in den Garten der Kaiserpfalz. Endlich kommt der Frühling auch nach Sachsen. Die weißen Kronen der Obstbäume wie flaumige Küken zu Ostern. Der Gärtner kommt mit einem Burschen daher, sie machen sich daran, den verdorrten Pfirsichbaum zu fällen, der schon das letzte Jahr keine Frucht mehr trug. Kunigunde wendet sich ab, das Ziehen in ihrem Leib treibt ihr die Tränen in die Augen.
Jeden Monat versickert ein Traum schwarz und schmerzhaft im Abort. Ganze Klöster beten im Chor. Die Matronen bei Hofe starren auf ihre schlanke Taille. Sie geht zum Fenster zurück und sieht zu, wie das Holz in handliche Scheite zersägt und gehackt wird. Vor ihrem Auge ersteht ein Thron, auf seinem roten Samtkissen ein kleiner silbrig schimmernder Knabe, die Krone schwer in der Stirn. Das Leuchten auf dem Antlitz seiner Mutter wie ein Heiligenschein. Es ist nicht ihr Gesicht. Morgen wird der Gärtner mit den Pferden kommen, um den Baumstumpf herauszuziehen und die Erde für einen neuen Schößling vorzubereiten. Kunigunde wird 1002 in Paderborn zur Königin und 1014 in Rom zur ersten mittelalterlichen Kaiserin gekrönt. Da sie kinderlos bleibt, muss sie trotz ihrer klugen Politik nach dem Tod ihres Mannes Heinrichs II. 1024 die Reichs-Insignien abgeben.

Roland Hermes

Der Paderborner Wochenmarkt

Meine Frau ist eine Marktgängerin – ich nicht! Sie wissen nicht, was das ist, eine Marktgängerin? Das ist diese Spezies Mensch (meist femininum), die schon zu nachtschlafender Zeit auf den Domplatz drängt und einkauft. Sie macht, wie man so schön sagt, den Wochenendeinkauf. Das ist für meine Frau ein Glück – rein emotional gesehen – und für die Familie von Vorteil – rein ernährungstechnisch gesehen. Manchmal allerdings, dann muss ich mit. Schlaftrunken lasse ich mich auf den Beifahrersitz fallen und zum Markt kutschieren. Wir fahren durch die Gierststraße, biegen links in die Heierstraße und nach 50 Metern rechts auf den Domplatz. Linker Hand liegt das Paderborner Amtsgericht, rechts die ehemalige Bäckerei Honervogt. Dann wieder rechts am Generalvikariat vorbei, der mächtigen Behörde des Erzbistums mit seiner steinernen Fassade und den kleinen vergitterten Fenstern, angsteinflößend für Inhaber der „missio canonica" oder katholischen Erzieherinnen, die in wilden Ehen leben. Auf dem „Kleinen Domplatz" steigt sie aus, ich falle beinahe aus der Beifahrertür, als diese schwungvoll aufgerissen wird. Sie geht Richtung Dom, ich schleppe mich schlaftrunken hinterher. Sie werden zu Recht fragen, warum geht der überhaupt mit? Ganz einfach, es gibt Wünsche, die kann man, darf man und sollte man einer Ehefrau nicht abschlagen, wenn einem das Leben lieb ist. Und so zwei- bis dreimal pro Jahr muss es eben sein.

Grußlos gehen wir nun am Paderborner Drei-Hasenfenster vorbei in den hohen, Ehrfurcht gebietenden Dom. Die Krypta links liegen lassend, steckt sie nun erst einmal eine Kerze an. Ich denke schon, dass diese Kerzen für einen Verstorbenen sind, wobei mich manchmal – ich will es ehrlich gestehen –

um diese Uhrzeit ein unbestimmtes Gefühl beschleicht, es könnte auch eine Bitte an den Herrn sein, sie von irgendetwas oder irgendwem zu erlösen, aber nein, so weit wollen wir dann doch nicht gehen.

Kurz darauf treten wir durch das Paradiesportal, gehen einige Stufen hinauf und stehen mitten auf dem Wochenmarkt. „Markt und Straßen stehen verlassen", na ja, ganz so leer ist es auch wieder nicht, denn immerhin sind ja wenigstens die Marktbeschicker schon da, zumindest einige. In unserem Rücken ragt der alte schweigende Dom mächtig auf, rechts schiebt sich das moderne, architektonisch umstrittene Diözesanmuseum mit dem einladenden Café, ehemals Bodemann, ins Blickfeld. Leider ist es noch geschlossen, daher kann jetzt der Einkauf beginnen.

Ich werde entweder zum Geldautomaten befohlen oder zum Brötchenkaufen geschickt, das kann ich, da kann man nichts falsch machen. Danach treffen wir uns wieder, der erste Einkaufskorb ist bereits voll.

Natürlich hat jede Marktjahreszeit ihren ganz eigenen Charme. Die bunte, duftende Blumenpracht im Frühjahr, längst nicht alle Schnittblumen kommen aus dem Gewächshaus, schmeichelt und strahlt um die Wette. Der Spargel aus der ländlichen Umgebung, der den Sonntagstisch für drei bis vier Wochen dominiert. Das frische Gemüse im Sommer, Salate aller Art, Tomaten, Gurken. Herrlich. Lautgelbe, -grüne, -rote, Paprika schreien mich an: „Kauf mich! Sofort!". Das sind so Dominaschreie, denn man kann sich ihrer kaum erwehren. Dann der Herbst, "Befiehl den letzten Früchten voll zu sein", Pfifferlingszeit, Endiviensalat, frisch, appetitmachend, Kartoffeln, neue Ernte, Äpfel, kistenweise. Und schließlich der Winter, die Apfelsinenzeit, Nüsse, Nektarin. Die Farbpracht der Stände wechselt ein wenig im Laufe des Jahreskreislaufs, das zarte Grün des Frühjahrs wird von der dunklen Farbgebung des Grünkohls abgelöst. In einer Zeit, in der zu jeder Jahreszeit

jedes Gemüse und Obst im Supermarkt zu kaufen ist, kann der Wochenmarkt, wenn man es will, immer noch ein Spiegel der Jahreszeiten sein. Aber ich schweife ab.
Also wir gehen über den Markt, d. h. meine Frau schaut hier, grüßt da, prüft dort. Ich in gebührendem Abstand hinterher. Es ist uns schon passiert, dass uns Freunde auf dem Markt getroffen haben oder besser gesagt meine Frau, ich kenne um die Uhrzeit keinen, und mich erkennt auch kaum jemand. Wirklich gute Freunde blicken mich dann mitleidig an und denken sich ihren Teil. Mein Gott, warum hat sie ihn denn mitgenommen? Was will der hier? Der muss ja was Furchtbares angestellt haben. Arme Sau. Dass ich ab und zu freiwillig mitgehe, dass glaubt mir so wie so niemand. Auch meine Frau würde mich am liebsten mit dem vollen Einkaufskorb an irgendeinem Stand abstellen, da kann ich auf das Gemüse aufpassen, dass es nicht wegläuft. So hab ich was zu tun und sie kann in Ruhe weiter einkaufen. Ich steh dann da völlig unmotiviert herum und tue so, als würde ich mich für Rhabarberpreise, die Größe von Blumenköpfen oder Eier zu 20, 25 oder 30 Cent interessieren. Tu ich aber nicht. In solchen Momenten hat man die merkwürdigsten Gedanken: „Was beim Gemüsemarkt geschah, kommt einer Schlacht bei Leipzig nah. Da schwirren Äpfel, Apfelsinen durchs Publikum wie wilde Bienen. Da sah man Blutorangen, Zwetschen An blassen Wangen sich zerquetschen. Das Eigelb überzog die Leiber, ein Fischkorb platzte zwischen Weiber. Kartoffeln spritzten und Zitronen, Man duckte sich vor den Melonen. Dem Krautkopf folgten Kürbisschüsse. Dann donnerten die Kokosnüsse."
Alles Literatur, nicht wirklich. Zurück zur Realität. Irgendwie fühle ich mich beobachtet, hat da jemand meine Gedanken gelesen? Ah, ja, da. An einem kleinen Tisch mit schrägen Beinen sitzt eine uralte, mich freundlich anschmeichelnde Oma auch mit krummern Beinen. Hier ist Vorsicht geboten. Diese kleinen so altersschönen Frauen verkaufen Obst aus dem ei-

genen Garten, Blumen, Fliederzweige, selbst gemachte Marmelade oder Tannengrün. Mit kleinen offenen Augen schauen sie mich an, den Städter, musternd, abschätzend. Sie überlegen, was sie mir wohl für ein Bund Herbstastern abknöpfen können. Listig, der Atem stockt ihnen fast ein wenig, wenn sie mit etwas belegten, von Bauernschläue durchtränkten Worten verschämt und verschmitzt, bittend und fordernd zugleich, eine Zahl nennen. Sie wissen es, und ich weiß es, der Preis wird viel zu hoch sein, aber ich werde nicht nein sagen können, egal was die Blumen kosten. Dann wispert sie schmeichelnd: „4,50", wobei sie natürlich DM meint – in ihrem Alter verständlich. Ich bezahle mit dem schizophrenen Gefühl des übers Ohr gehauenen und desjenigen, der eine gute Tat getan hat, 4,50 Euro und alle sind beschämt aber zufrieden. Dass diese Städter für zehn Astern, die bei uns zu Hause im Garten umsonst wachsen, 4,50 bezahlen, das ist doch unglaublich. Die haben echt keine Ahnung, die Städter.
Da kommt meine Frau, so richtig glücklich scheint sie nicht zu sein über die Astern, von denen einige gemäß ihrer friedhöflichen Bestimmung schon die „helldunkellia" Köpfe hängen lassen. Ich muss ja zugeben, auch für meine Frau ist das eine schwierige Situation. Einerseits soll ich den Korb tragen, damit sie nicht zwischendurch zum Auto laufen muss, andererseits vermiese ich durch meine Laune die Stimmung. Wie du schon kuckst. Warum bleibst du nicht zu Hause? Mit dem Gesicht bekommt das Wort „Morgengrauen" eine ganz neue Bedeutung. Usw. usw. Ich würde ja auch wirklich nicht Mitten in der Nacht einkaufen. Wenn es nach mir ginge, geht es aber nicht, dann gingen wir um 12.00 Uhr auf den Markt. Da ist alles billiger. Die Blumen und das so verderbliche Gemüse werden einem direkt nachgeschmissen. Einmal war ich – das muss ich erzählen – mit meiner Frau gegen Mittag auf dem Markt. Da gab es für 10 Euro so viele Blumen, die ich natürlich tragen durfte, dass ich wie eine kleiner wandelnder Blumenstand mit

Füßen aussah. Niemand hat mich mehr erkannt inmitten der Gladiolen, Astern, Hortensien. Toll. Ich musste geführt werden. Obwohl, so ein später Gang hat auch seine Tücken. Da hat man gerade für 8 Euro ein Kilo Spargel gekauft – Fleisch gibt es dann sonntags nicht dazu, das Gemüse war teuer genug -, man geht zwei Schritte vom Stand weg und der Kerl hinter der Theke brüllt: „Jetzt das Kilo Spargel für 5 Euro, 5 Euro das Kilo, greifen Sie zu, nur 5 Euro das Kilo ." Und das soll einen nicht aufregen? In solchen Momenten könnte ich mich umdrehen, einen Kampfsportfilm vor dem inneren Auge ablaufen lassen und mit einem Karatesprung über die Spargelauslage dem Gemüsefritzen erledigen, ein für alle Mal.

Ich werde durch einen sanften Ellbogencheck aus meinen feinsinnigen Gedanken gerissen und zum Käsestand dirigiert. Ein Mensch wie ich, der, wenn er nicht verheiratet wäre, seinen Käsehorizont immer noch nicht erweitert hätte und über Gouda und holländischen Edamer nicht hinausgekommen wäre, – gut, Bresso vielleicht noch –, solch ein Feinschmecker und Käsegourmet ist den Preisen am Marktkäsestand nicht gewachsen. Der „Alte Prima Donna", der bringt einen kulinarisch weiter, finanziell bringt er einen ins Grab. Also bleibe ich besser im Hintergrund, so dass ich die geschmeichelte Rechnung der Verkäuferin gar nicht erst mit anhören muss.

So, zum Schluss geht's zum Fischstand. Lecker. Garnelenspieß. Forellensalat. „Und Sie, was kann ich für Sie tun?" Ach so, ich bin gemeint. „Äh, nein, danke, ich bin hier nur der Träger." Jetzt mischt sich auch noch so'n blondierter Pelzkragen ein. „Da sind die Männer wenigstens auch mal zu was nütze." (Jetzt so'n frischen großen, glitschigen Lachs und voll drauf. Kriegt das hungrige Bärenfell auch mal Futter, frischen, echten Lachs aus Alaska, hat Meister Petz zu Lebzeiten wohl auch nur selten bekommen.) Alle lachen, ich auch, Souveränität zeigen. „Jetzt müssen wir aber aufhören, sonst wird er noch böse." Ach, tatsächlich, Einfühlsamkeit pur, Empathie, Mitleid, ich weiß es

nicht. „Dann kaufen Sie ihm 'nen schönen Cappuccino, dann geht's schon wieder." 18,60 Euro. Danke. Schönes Wochenende. Gleichfalls. „Kannst du den Fisch noch irgendwo unterbringen? Komm, das wars, wir haben alles, oder warte, ich nehm noch so'ne kleine Blume mit, die halten sich lange. Sollen wir noch 'nen Espresso trinken oder einen Cappuccino?"
Es geht zum Kaffeestand, der eigentliche Grund für den Marktbesuch. Einen Cappuccino, einen Café-Creme zwei halbe Brötchen, eins mit Parma und eins mit Käse. Die Welt ist wieder in Ordnung.

Christiane Höhmann

Warum leben

Warum leben? – ist der Titel des Buches, dessen Leihfrist abgelaufen ist. Heute will ich es verlängern lassen. Ich schaue auf die Uhr: zwanzig vor elf.
Warum lesen? hatte ich zuerst gedacht, als ich den schmalen Band aus dem Regal zog – obwohl ich mir diese Frage noch nie gestellt hatte, die andere schon.
Wenn ich schnaufend im zweiten Stock angekommen bin, sehe ich als Erstes das Schild mit der Aufschrift „Information" und darunter die Bibliothekarin. Den Kopf mit der Eulenbrille leicht schräg gestellt, versucht sie, meine Fragen zu verstehen und die Bücher aufzutreiben, die ich lesen will.
Solange sie hier mit mir altert, wird keiner was von meinem Asthma erfahren, außer dem Mabuse natürlich, meinem Doc. Ich will hier nicht weg.
Nach dem Gespräch mit ihr hole ich mir eine Tasse Kaffee bei der Studentin auf der Galerie, eine Treppe tiefer, auf dem Rand

der Untertasse ein gelbes Plätzchen, das nach wenigen Schritten in der überschwappenden Brühe eingeweicht ist. Der Keks ist ein Grund dafür, dass ich hier meinen Kaffee trinke. Ich blättere in den neuen Ausgaben von „Stern“ und „Emma“ und schaue nach unten, auf die große Eingangstür. Die Besucher halten sie mit dem Rücken offen, während sie – so wie ich – stapelweise Bücher herein- und hinausbalancieren. Einen Tag in der Woche verbringe ich in der wichtigsten Einrichtung der Stadt, und vorher sitze ich – wie jetzt auch – eine Weile auf einer Bank im Geißelschen Garten und warte darauf, dass sich die Tür öffnet – meistens scheint es Januar zu sein, der Wind pfeift durch den Mantel, mein Hintern friert am Holz fest.

Im Sommer spielen ein paar Männer auf dem Platz Boule.

Ich kenne sie flüchtig, so wie man die Leute in dieser Stadt schon mal gesehen oder mit ihnen zu tun gehabt hat, vielleicht sind sie die Ehemänner von früheren Freundinnen, oder Kunden, die damals in der Apotheke eingekauft haben. Einmal war einer dabei, den ich lange nicht gesehen hatte. Er sah aus, als habe er die ganzen Jahre woanders verbracht und sei dann so zurückgekehrt, wie er gegangen war. Lange betrachtete ich die krausen, schwarzen Haare und den jungenhaften Gesichtsausdruck, während seine Hand genau auf die kleine Kugel zielte.

Er würde mich nicht erkennen, selbst wenn er jetzt aufsähe.

Früher hatte ich lange Haare, ich trug Jeans und einen kurzen Blazer auf dem Weg zur Arbeit, an der Kaiserpfalz und am Dom vorbei, über den Marktplatz in die Gasse, die „Grube“ genannt wird.

Noch zehn Minuten. Ich ziehe das zweite Buch aus dem Stapel neben mir. „Leise singende Frauen“ von Wilhelm Genazino. Zweimal habe ich es gelesen.

Genazinos Erzähler erlebt nichts. Kein bahnbrechendes Ereignis verändert sein Leben, er ist weder in Unfälle oder kriminelle Taten verwickelt, noch fällt ihm ein Schwan auf den Kopf, wenn er die Straße überquert. Über seinen Tagesablauf erfährt man nichts, wenn man den Roman liest, niemand kann sagen, ob er einem Beruf nachgeht, arbeitslos oder schon in Rente ist. Und doch weiß man alles über ihn.

Genazinos Erzähler beobachtet.

Tauben picken in weggeworfenen Kartons, eine Frau liest einen Brief, Penner trinken ihr erstes Bier im Park, ein Liebespaar küsst sich hinter einem Busch. Auf einer Brücke steht ein verlassenes Paar Stöckelschuhe.

Der Höhepunkt des Tages, der Woche sogar, sind die Möwen, die über dem Häusermeer auffliegen, und die Brieftaube, die dem Erzähler den beringten Fuß hinstreckt, damit sie nicht mehr der vorgegebenen Bahn folgen muss.

Im Kaufhaus fällt dem Erzähler eine Geschichte ein, die von einem Jungen handelt. Paul hat seine Eltern vor der Deportation gewarnt. Er war ein Beobachter. Er fand heraus, dass die Nazis immer nachts zu den jüdischen Familien kamen, immer am Samstag, selten am Sonntag. Die Eltern und er mussten sich also nur am Wochenende in das von einem Freund angebotene, leer stehende Firmenbüro begeben, um der Deportation zu entgehen.

Pauls Mutter glaubte ihm nicht. Sie und der Vater wurden in einer Samstagnacht, die Paul im Büro verbrachte, abgeholt.

Der Junge hat sie nie wiedergesehen.

An dieser Stelle des Genazino-Romans öffnet sich die Tür zur Stadtbibliothek, aber ich senke den Blick wieder in mein Buch, in dem jetzt ein Stadtstreicher einen Mülleimer inspiziert.

Jeden Tag tut er das, immer denselben Mülleimer, ohne etwas zu finden. Schließlich füllt der Erzähler, bevor der Obdachlose kommt, den Mülleimer mit Broten, die er aus den Containern vor der Schule gefischt hat. Der Penner legt die schön verpackten Brote in seine Plastiktüte, ohne eine Miene zu verziehen.

Er geht zu einer Bushaltestelle, greift in die Tüte, wickelt ein Brot aus und fängt an zu essen. Ein einziges Mal, nur an diesem Tag, gehört er zu den Leuten, die an dieser Bushaltestelle stehen und etwas verzehren – eine Bratwurst, eine Brezel oder einen Apfel. Ich klappe den Roman zu, nehme meinen Bücherstapel auf und gehe auf die Tür zu. Warum lesen? Das ist keine Frage, wenn man Genazino durch die Stadt folgt. Warum leben? Das ist keine Frage, solange ich lese.

Monika Kopatz

Libori im Jahre 1955

Meine Schwester war sieben Jahre alt, ich zwei Jahre älter, als wir zum ersten Mal allein die Libori-Kirmes besuchen durften. Weil die Eltern verhindert waren hatten wir sie tagelang regelrecht tyrannisiert, bis sie endlich nachgaben. Mit endlosen Ermahnungen, die wir Wort für Wort wiederholen mussten, setzten sie uns schließlich in die Straßenbahn. Wir sahen sie noch ziemlich belämmert hinter uns her winken, als wir schon von der wunderbaren Welt schwelgten, die uns erwartete.
Am Westerntor stolperten wir aus der Bahn und rannten der Musik entgegen, die wir bis hierher hören konnten. Am Anfang der Kirmes hielten wir uns aufgeregt an den Händen und bestaunten atemlos die Pracht. Alles war Verheißung: die Düfte und der Mann mit den Luftballons, der uns zu begrüßen schien. Über allem lag eine Aura der Festesfreude. Die Vollheit verhinderte, dass wir sehr weit sehen konnten. Die Menschen um uns herum waren zu groß. Nur wenn wir den Kopf in den Nacken legten, sahen wir die höher gebauten Karussells. Die Sonne schien so heiß, dass sie die Düfte zu verschmelzen schien, uns fast betäubte. Endlich hatten

wir uns aus der Menge vorgedrängelt und standen mit offenem Mund vor einem Wunderland. Eine Losbude mit vielen verlockenden Angeboten, ein Verkäufer, der klang wie ein Zauberer im Märchen. Meine Schwester und ich standen in der ersten Reihe der vielen Menschen, die sich hier sammelten. Wir konnten nur staunen. So viele schöne Glitzerdinge, Puppen, Teddybären und vieles, vieles mehr. Wir bekamen den Mund nicht mehr zu. Natürlich hatte der Anpreiser uns entdeckt und sprach uns über sein Mikrofon direkt an. Mit Lobhudeleien und Witzchen hielt er uns, die wir uns plötzlich wie Prinzessinnen vorkamen, sowie das amüsierte Publikum gefangen. Unsere Eltern hatten uns ermahnt, keine Lose zu kaufen, sondern unser Geld einzuteilen für je zwei Karussellfahrten, je ein Würstchen und eine Zuckerwatte. Meine Schwester und ich sahen uns an, einig wie selten, kauften wir fünf Lose. Aufgeregt rissen wir sie auf. Enttäuscht sahen wir vier Nieten. Aber das fünfte Los hatte eine Nummer. Wir drängelten uns zum Ansager, und der machte eine Riesenschau, als er sagte, wir kleinen Mädchen hätten den Hauptgewinn des Tages. Feierlich hievte er uns hoch, damit auch jeder der Zuschauer uns Glückliche sehen konnte. Und glücklich waren wir wirklich. Nun ging das Aussuchen los. Meine Schwester tendierte zu dem Teddybär oder einer in meinen Augen, fürchterlichen Puppe. Ich wusste plötzlich mit der ganzen Glitzerwelt nichts mehr anzufangen. Da sagte der Mann, einer der Hauptgewinne sei ein sechsteiliges kostbares Kaffeeservice, aber das könnten wir natürlich noch nicht brauchen, mit der Aussteuer habe es ja wahrscheinlich noch Zeit. Das Gelächter des Publikums stimmte ihm zu. Ich war wie elektrisiert. Hatte Mama nicht gesagt, sie wolle neues Geschirr kaufen? Wie würde sie sich freuen, eines völlig gratis zu bekommen. Bevor meine Schwester sich entscheiden konnte, sagte ich schnell, das Service solle es sein. Ziemlich perplex hakte der Mann nach, ich nickte entschieden, während meine Schwester lauthals protestierte. Ich übertönte sie resolut. Und so wurde mit Witzen und dem Beifall der Zuhörer, ein cremefarbenes, mit rotem Blümchendekor, verziertes Services, kindersicher verpackt. Immer noch skeptisch übergab uns der Mann schließlich das doch recht umfangreiche Paket. Es war schwer wie Blei. Er meinte freundlich, wir könnten es noch eintauschen, ich blieb hart, während meine Schwester ihre Schreitirade begann. Sie tobte, heulte, weigerte sich, mitzuhelfen, das schwere Ding zu tragen. Ihr Protest wurde noch wütender, als ich sagte, mit dem schweren Ding könnten wir unmöglich über die Kirmes gehen. Wir müssten es erst heim schaffen. Wir waren das große Ereignis in der Straßenbahn. Der Schaffner und noch einige Passagiere argwöhnten, ich, das große Mädchen, habe dem kleinen etwas Böses getan. Und meine Schwester stimmte, natürlich, heulend zu. Worauf von allen Seiten Bedauern für das arme Kind, und für das ungehörige Schelte ertönte. Es war eine recht unbehagliche Fahrt, auf der meine Schwester allerdings endlich die Klappe hielt, weil sie von irgendwem eine bunte Lutschstange geschenkt bekam. An der Endstation hatten wir noch einen langen Fußweg vor uns. Meine Schwester hatte die Zuckerstange schon vernichtet. Ihr Argument, das sie in der Bahn brauchte, nun könne sie nicht mehr tragen helfen, sie benötige beide Hände, um ordentlich lutschen zu können, zog nicht mehr. Also musste sie erneut mit zufassen. Sie drohte zwischen ihren erneuten Schluchzern, sie lasse das Ding jetzt fallen, sollte ich es doch allein tragen. Außerdem sei ich ja so unendlich blöde, weil ich nicht mit ihr umkehren wollte, um erneut zur Kirmes zu fahren. Ich hätte das schwere Paket auch am liebsten irgendwohin gestellt und es einfach vergessen. Unsere Beine waren zerkratzt von den Schnüren des Pakets und die Luft flimmerte vor Hitze. Nur die Vorfreude auf die überraschten Gesichter unserer Eltern hielt mich aufrecht, während meine Schwester noch einen Akkord zulegte. Was zur Folge hatte,

dass uns mancher erstaunte Blick und die eine oder andere Bemerkung von vorübergehenden Menschen beglückte; wohl auch, weil ich die Heulerei inzwischen mit groben Beschimpfungen kommentierte. Als wir es endlich, völlig erschöpft und verschwitzt, nach Hause geschafft hatten, stürzten unsere Eltern entsetzt aus der Haustür, angelockt von unserem Geschrei. Sie glaubte es sei etwas Schlimmes passiert. Als sie endlich verstanden hatten, um was es sich handelte, wurde zuerst meine Schwester getröstet, dann unter Gelächter das Paket geöffnet. Ich schwöre, sie staunten über das wunderschöne Geschirr. Nur – im Gebrauch habe ich es nie gesehen.
Ich liebe Libori. Meine Schwester liebt das Fest ebenso. Die erste Losbude auf dem Berg ist immer noch die unsrige. Wir sehen uns lachend an – und kaufen fünf Lose. Aber etwas gewonnen haben wir nie wieder. Jedenfalls nichts Materielles ...

Vanessa Labancz

Unerforschte Art – Paderborn

Paderborn überzeugt – aber manchmal erst im Nachhinein. Ich bin Cynthia Sintika, eine große, blonde und selbstbewusste Frau, Mitte zwanzig, die eines Tages nicht mehr wusste, wo sie gelandet war.
Es begann damit, dass ich mich entschied, aus Herford wegzuziehen und meinen Weg in Paderborn fortzusetzen. Das hatte gute Gründe, denn ich hatte mich an verschiedenen Universitäten eingeschrieben und studierte bald tatsächlich an der Uni Paderborn Mathematik. Mein Traum war bislang der, Lehrerin an einer Berufsschule zu werden. Ich informierte mich fast tagtäglich über Paderborn. Da gab es zum Beispiel

das Helene-Weber-Berufskolleg, nahe einer sogenannten Schwimmoper. Nun ja, so kam es dann, dass ich im Herbst nach Paderborn zog. Ich lebte mich in einer kleinen Wohnung in Stadtnähe ein. Aufgeschmissen packte ich meine Klamotten aus den Umzugskartons und entschied dann, erst einmal durch die Stadt zu schlendern. Mann, Cynthia, du kennst hier niemanden und hast all deine Freunde in Herford gelassen!, dachte ich, während ich so gedankenversunken durch die Stadt ging. WDR – stand groß und breit auf einem der Häuser drauf. Mmhhhh, das wäre auch nicht schlecht, wenn ich später mal ins Fernsehen kommen würde. Ich sah mir die Menschen und die Häuser an, wobei ich sagen muss, dass die Menschen hier ein wenig anders aussahen als in Herford. Ich muss sagen, sie wirkten auf mich sozialer und zufriedener. Trotz der Größe dieser neuen Stadt schienen die Menschen es nicht eilig zu haben. Ich ging vorbei an den großen und kleinen Geschäften. Tee Gschwender (den kannte ich bisher nur aus Bielefeld und ich liebe diese Teesorten dort!), H&M, Claires, ... Und dann sah ich eine große Buchhandlung. Linnemann, stand dort. Ich beschloss, hineinzugehen. Etwas orientierungslos sah ich mich um. Da ich gerne historische Bücher über Schiffe lese, ging ich zur Buchhändlerin unten an der Kasse und fragte sie direkt:
„Haben Sie auch Bücher über Schiffe?"
„Ja, die liegen ein Stockwerk höher, direkt geradeaus, wenn Sie die Treppe hochgehen."
„Dankeschön", meinte ich und schlich mich nach oben. Dann fand ich sie auch – meine Schiffsbücher. Titanic, Kreuzfahrten, Queen Mary 2, ... Die Auswahl war groß und ich stöberte ein wenig. Meine Augen fielen dann endlich auf ein Buch, dass eigentlich gar nichts mit Schiffen zu tun hatte. Ein Kunde muss es falsch zurückgelegt haben, denn der Titel lautete: „Bis ans Ende der Welt". Mmmhhhh, interessanter Titel. Es sollte wohl so sein, dass das Buch dort lag, denn ich fühlte mich auch in dem Moment am Ende der Welt. Paderborn ... Damit hatte ich

nie zu tun gehabt. Ich kannte diese Stadt noch nicht einmal vorher. Das Einzige, was ich über Paderborn wusste, war, dass sie eine Uni hatte. Mehr wusste ich nicht. Ich nahm mir das Buch und bemerkte, dass es sich um ein Buch handelte, in dem es darum ging, zu reisen und die Welt kennenzulernen. Das nehme ich mit!, dachte ich mir und ging zur Kasse im oberen Stockwerk. Ein etwas älterer, aber flott aussehender Mann bediente mich.

„Guten Tag, junge Frau!", begrüßte er mich freundlich. Ich lächelte. „Hallöchen." „Bis ans Ende der Welt, ja, da wäre ich auch gerne einmal", meinte der Herr und ich musste lachen. „Ha, da bin ich gerade! Heute erst bin ich hierhin gezogen." „Oh, dann gebe ich Ihnen mal einen Flyer über die Stadt mit, den haben wir hier." Und er reichte mir Ebengenanntes. „Ja, danke schön. Vielleicht wird mich das etwas zutraulicher stimmen", meinte ich mit einer Mimik, die dem Herrn wohl zeigte, wie misstrauisch ich war, denn er erwiderte: „Paderborn ist eine wirklich schöne Stadt. Sie hat viel Kultur. Ich empfehle Ihnen den Dom, er ist wunderschön." „Na gut, ich werde ihn mir ansehen, Herr ..." „Linnemann." Ich stutzte kurz. „Oh, Sie sind das? Ist das Ihre Buchhandlung?" „Ja, wobei ich wirklich ein sehr tolles Team habe. Ohne meine Mitarbeiter gäbe es keine Mitarbeit, nicht wahr? Wer sind Sie denn, dann bin ich der Erste, der unsere neue Bürgerin kennt!"

Ich grinste und verriet ihm meinen Namen. Dann packte er mein Buch in eine Tüte, und wir verabschiedeten uns. Tatsächlich machte ich mich dann auf dem Weg zum Dom. Und wahrlich – er war ziemlich atemberaubend, und ich trat durch die Hintertür ein. Respektvoll bekreuzigte ich mich einmal und war dankbar, hier sein zu dürfen. Ich brachte im Dom ein Kerzenopfer dafür, einen guten Weg eingeschlagen zu haben, und um Hoffnung und Zuversicht zu erbeten. Tja, und so kam es, dass ich meine Zweifeln an Paderborn verstummen ließ und mich völlig entschlossen im Bürgerbüro ummeldete.

Nach zwei Wochen begann mein Studium an der Uni und ich lernte nette, gute Freunde kennen. Meine Freunde aus Herford fragten auch immer nach mir und wenn sie mich fragten, ob wir uns treffen können, lud ich sie sofort zu mir ein, um ihnen die schönen Fassaden von Paderborn zu zeigen.
Und bei jedem Besuch in der Buchhandlung Linnemann begrüßte mich der Chef mit einem freundlichen: „Hallo, Frau Sintika!“ Na, dann auf ein Neues, Paderborn!

Helmut H. Linse

Ein Paderborner Anekdötchen

Im ersten Jahrzehnt des letzten Jahrhunderts war der Maler und Anstreichermeister Budde aus der Kleppergasse als Spaßmacher stadtbekannt. An einem Samstagnachmittag kam er zum Stammtisch in die Gaststätte Tegethoff. „Drei Hasen“, in die Königstraße. Da saßen schon der Schmiedemeister Wilhelm Tenge, der Kaufmann Thebille, der Kaufmann Hecker und der Textilkaufmann Samer. Auch der „Schnapskopf Littum“ war in die Wirtschaft gekommen, um sich billigen Fusel zu holen. Noch ein weiterer Herr saß am Tisch. Es waren also insgesamt sechs Männer am Stammtisch, als Budde, der nebenbei noch Kammerjäger war, die Wirtschaft betrat. In einem Rucksack hatte Budde – er war über Land gefahren und anstatt in Geld, wie früher nicht ungewöhnlich, in Naturalien entlohnt worden – eine lange Mettwurst dabei. Budde hängte den Rucksack, aus dem die Wurst ein gutes Stück herausschaute, an den Kleiderhaken, und ging – auch das musste damals mal sein – für eine Weile hinaus. Ruckzuck hatten sich die Stammtischbrüder seine Wurst organisiert, in sechs Teile

aufgeschnitten, und im Nu war die schöne Riesenmettwurst in den Mägen der schmunzelnden Zecher verschwunden. Als Budde zurückkam und den Verlust bemerkte, mochte er – ganz Eulenspiegel – ein furchtbar entsetztes Gesicht, umso mehr, weil keiner von den sechsen gestehen wollte, dass er die Wurst gestohlen hotte. Budde sagte: „Was soll das geben? Jetzt werden sie mich wohl verhaften wegen fahrlössiger Tötung. In der Wurst war Strychnin. Das gibt noch Tote heute Abend!" Das Wohlbehagen schlug in jähes Entsetzen um. Zuerst ging der Schmied hinaus, dann liefen die anderen. Man versuchte auf jedwede Weise, die Wurst loszuwerden. Littum musste in die Apotheke, Brechweinstein holen. Aber Budde gab immer noch keine Ruhe. Er mahnte: „Wenn ihr die Wurst gegessen habt, dann bleibt euch nichts anderes übrig, dann müsst ihr zu Doktor Sasse (der Vater des späteren Paderborner Stadtdirektors) in das Landeshospital, damit er euch den Magen auspumpt, sonst ist morgen früh für euch alles aus!"
Alle flitzten, einer noch dem anderen, zum Landeshospital und beichteten Doktor Sasse die Sache mit der Wurst und dem Strychnin. Als endlich die Tortur zu Ende war, kam ins Landeshospital eine Nachricht von Budde: Es sei gar kein Gift in der Wurst, er habe den Übeltätern nur eine Lehre erteilen wollen ...
Großes Gelächter ging durch die ganze Stadt, zumal jeder der Wurstdiebe eine ganz nette Rechnung für die ärztliche Behandlung bezahlen musste.

Ute Mahon

Klappersteine

Als Klappersteine werden kugelförmige Feuersteingerölle bezeichnet, in deren Inneren sich ein Hohlraum mit freibeweglichen Resten eines fossilen Kieselschwammes befindet. Quelle: Wikipedia.

Paderborn, ja, was wusste ich vor über 42 Jahren von dieser Stadt? Der Reichstag zu Paderborn im Jahre 777 war aus dem Geschichtsunterricht bekannt, und Paderborner Brot hatte ich auch schon gegessen. Das war eigentlich alles. Unser alter Hausarzt jedenfalls kommentierte meinen Umzug nach Paderborn mit den aufmunternden Worten „Waaas – nach Paderborn? Da ziehst Du ja ans Ende der Welt!“ (Ich habe den Urtext hier stark gemildert wiedergegeben.) Darüber nachgedacht habe ich nicht lang, nur im ersten Moment gelacht. Nach Paderborn ...?

Nein, ich zog ja gar nicht nach Paderborn, sondern folgte meinem Ehemann, einem Angehörigen der britischen Streitkräfte an seinen Standort, der überall auf der Welt hätte sein können. Streng genommen, auch rechtlich gesehen, zog ich danach sogar innerhalb Deutschlands nach England, also in ein ganz anderes Land, eine ganz andere Welt, noch dazu in eine Armeewelt mit eigenen, starren Regeln und Traditionen. Als Frau eines Armeeangehörigen gab es keine deutsche Meldepflicht mehr. Ich lebte mitten in Deutschland und doch wieder nicht in Deutschland Es ist schwer, dies einem Außenstehenden zu erklären. Die britischen Siedlungen waren damals wahrhaftig „Klein - England“ – kleine autarke Inseln innerhalb der Stationierungsorte. Für alles war gesorgt, es gab eigene Ärzte, Krankenhäuser, Geschäfte, Kindergärten, Schulen, Spielplätze, ein eigenes Postsystem und vieles mehr. Selbst die Geburt unseres Kindes fand zwar in Deutschland, amtlich aber in England statt. Ein Leben ohne Grenzverkehr war durchaus möglich und für viele Armeeangehörige die Regel. Ich wollte und konnte ohne Schwierigkeiten Deutschland und England verbinden – von einer Welt in die andere wechseln, das glaubte ich zumindest für eine Weile.

Mein Mann, unser Sohn und ich hatten ja noch meine Familie hier in Deutschland. Doch diese Familie lebte nicht in Paderborn, hatte keine ostwestfälischen Wurzeln, und dass das vielleicht einen Unterschied hätte machen können, wurde mir erst viele Jahre später schmerzlich bewusst. Dass die deutschen Ehefrauen britischer Soldaten damals noch sehr kritisch betrachtet wurden, war mir inzwischen ebenfalls erschreckend klar geworden. Die Gattinnen der höheren Hierarchien des größeren Dekorationswertes wegen vielleicht einmal wohlwollend ausgenommen!

Ich kam aus keiner Garnisonsstadt und kannte solche, vielleicht nicht immer ungerechtfertigten Vorbehalte gar nicht. Doch im Paderborn der frühen siebziger Jahre waren solche Vorurteile wirklich noch allgegenwärtig.

Auf die Frage wo man denn wohne und die Antwort „Im britischen Quartier", erfolgte sehr oft erst einmal ein nachdenkliches, fast betretenes Schweigen. Ergab sich dann aber vielleicht ein, wenn auch nur loser, Kontakt, erfolgte meist nach kurzer Zeit die Britenkontakt-Standardfrage: „Sie kommen doch in die NAAFI. Könnten Sie uns nicht ... besorgen?". Von einer zufälligen Wochenbettnachbarin fand ich gleich einen ganzen „Bestellzettel" im Briefkasten. Neben flüssigen Dingen und Zigaretten begehrte sie nicht nur ein Glas, nicht nur zwei Gläser, sondern gleich zehn Gläser Orangenmarmelade. Sie hat nichts bekommen, denn diese, ich nenne sie Schwarzmarktmentalität hat mich stets abgeschreckt. Blieb da nicht immer die Ungewissheit: „Mögen sie uns oder das, was sie durch uns zu bekommen hoffen?" Doch zurück zum Leben in „Klein –England." Trotz mancher Höhen und Tiefen

fühlte man sich im Quartier geborgen. Es gab eine weitgehend aufgeschlossene, fürsorgliche Nachbargemeinschaft, eine Armeefamilie, die im Notfall füreinander da war. Ja, und dann verließ mein Mann nach fast dreißig Dienstjahren die Armee, und wir entschieden uns aus familiären Gründen, in Deutschland, und zwar in Paderborn, zu bleiben. Jetzt erfolgte innerhalb Paderborns erneut ein internationaler Umzug - diesmal von England nach Deutschland und wieder mit allen bürokratischen Formalitäten beider Nationen Glücklich und leider auch sehr unbefangen zogen wir in die alte Paderborner Südstadt. Ende gut, alles gut, könnte man vielleicht sagen. Doch nein, so einfach ging das leider nicht. Zunächst einmal zogen wir in einen Straßenabschnitt, in dem wir das jüngste Ehepaar mit einem zwölfjährigen Kind waren – alle anderen Anwohner waren schon recht betagt und Kinder gab es dort auch schon längst nicht mehr.
Erst da wurde uns schlagartig bewusst, dass wir in dieser erzkonservativen Umgebung als jüngere und noch dazu britisch – deutsche Familie ein Fremdkörper waren. Viele Anwohner erinnerten sich an die grausame Bombardierung Paderborns, hatten verständliche Vorbehalte und ließen uns das, wenn auch vielleicht ganz unbewusst, spüren. Es gab Ausnahmen, ich bin dem alten Ehepaar K. heute noch dankbar für jedes freundliche „Guten Tag“ und die Äpfel, die sie meinem Kind über den Zaun schenkten. Doch es war schwer, sehr schwer, Fuß zu fassen. Wir waren freies, freundliches Grüßen und ein Lächeln gewöhnt. Hier wurde, wenn überhaupt, nur sehr verhalten gegrüßt, es war als schrecke man vor jeder noch so flüchtigen Annäherung zurück.
War das unbewusster Selbstschutz, der Versuch sich gegen etwas Fremdes, Unverstandenes, eine andere Welt abzuschotten? War es ein Bewältigungsversuch schlechter, schmerzlicher Erinnerungen? Wir brachen jedenfalls vor mehr als fünfundzwanzig Jahren in eine starre, recht schweigsame Welt

ein. Leider kann ich unsere ureigenen Erfahrungen der ersten Jahre nur so zusammenfassen: ... als M...s einzogen, wurden Zäune gesetzt und Büsche angepflanzt. Auch haben wir in all den Jahren immer noch das Wort „Besatzer" hören müssen – oft unbedacht dahergeredet, manchmal aber, das fühlten wir genau, auch gezielt eingesetzt – immer aber schmerzlich verletzend. Nun, die Hecken blieben nicht ganz undurchdringlich, und auch wir haben schließlich Wurzeln geschlagen. Unsere Südstadtstraße ist jetzt eine jüngere Straße geworden, und wir gehören inzwischen mit zu den älteren Anwohnern. Fest vorgenommen haben wir uns, es den jüngeren Nachbarn, die auch oft aus anderen Kulturen stammen, leichter zu machen und keine Türme des Schweigens aufzubauen.

Mein Mann und ich haben mit Freude und teils auch mit Schmerz das Privileg genossen, Teile verschiedener Nationen zu sein. Wir haben die geistigen Güter und gesellschaftlichen Traditionen beider Kulturen wie Schwämme aufgesogen und versucht, dieses Erbe zu hüten, zu bewahren und weiterzugeben. Ein geliebtes Zuhause haben wir uns hier in Paderborn geschaffen, zur richtigen Heimat jedoch wird uns die Stadt wohl niemals werden.

Doch umgeben und auch irgendwie geborgen vom westfälischen Urgestein, sind wir zu Paderborner Klappersteinen geworden. Fossilien sind sammelwürdig, nicht wahr?

Hartmut Mecke

Der verschwundene Weihbischof

Das ist die Geschichte der Mére Anna de Bonnivet, Oberin des Michaelsklosters bey 24 jahr, und des Dr. theol. Franz Joseph Graf v. Gondola, vom Kölner Kurfürsten Erzbischof Clemens August, dem Herrn über fünf Bistümer, als Weihbischof nach Paderborn geschickt.

Beide waren vornehmen Geblütes: sie die Tochter des Stephan Gouffier de Bonnivet, Capitain und Ingenieur seiner Majestät von England; er aus der Adelsfamilie derer von Gondola mit Stammsitz in Dalmatien, vom Vater für den Staats- oder Militärdienst vorgesehen, der Sohn aber so entschlossen zum Priesterberuf, dass er eines Nachts mit Hilfe einer Leiter aus dem gräflich gondolaschen Haus entwich und über Schleichwege nach Ettal gelangte, wo er um die Kutte St. Benedikts bat; der Vater hat nach heftigem Widerstand das ernsthafte Verlangen seines Sohnes verstanden und ihn freigegeben.

Nur kurz nach seiner Bischofsweihe begegnen sich beide zum 1. Mail, genau anno 1752, den 22. Juli: da kam Hochgedachter Bischof zu Paderborn an; nach Schuldigkeit brachte ich ihm unsere Gratulation dar. Dieser leutselige Herr gab persönlich seine Gegenvisite ab und fand ich einen so großen erleuchteten Verstand nebst zierlichen Tugenden und Manieren bei ihm, daß ich anfing, meine Gedanken weiter zu schicken. Und das war dringend nötig, denn der bisherige Klosterseelsorger Vicarius Generalis Ignatius Bernardi schaffte es gesundheitlich nicht mehr, ein anderer Priester musste her, Anna de Bonnivet wusste auch wer, und also fädelte sie es geduldig und geschickt ein – Gott allein weis, was es mich gekostet: sie wollte Gondola, diesen diskreten, Hoch erleuchteten und erfahrenen Mann, als Seelsorger für den Konvent gewinnen, und schließlich gab sie sich den Ruck, ihm unter der hand ehr-

bietigst erfragen, ob hochderselbe die verwaltung uns vorzustehen, in unseren Wahlen, Einkleidungen, Professionen und sonstiges auf sich zu nehmen geruhete. Beide müssen von Anfang an auf einer Wellenlänge gelegen haben: beide resolut, beide zielstrebig, beide in geistlichen wie in weltlichen dingen sorgsam vorausschauend. Gondola stimmte zu, die verweigerung war nicht groß; bald schon erlebten die Schwestern den begnadeten Seelsorger und freuten sich jedesmal neu auf sein nun regelmäßiges Kommen, und so konnte die Oberin zufrieden in ihre Chronik schreiben: Und sind alle Gemüter in höchster Ruhe und Zufriedenheit.
Schon 1741 hatte die damals 42jährige frisch gewählte Superiorin gezeigt, was in ihr steckte: der erste Schlesische Krieg tobte, Paderborn erlebte Durchmärsche fremder Truppen und Einquartierungen und Plünderungen. Massiv betroffen waren die Klöster des Hochstiftes, und die Franzosen bestimmten: das Michaels-Kloster oder das der Kapuzinessen, eines davon wird geräumt zur Unterbringung verletzter Soldaten. Anna de Bonnivet, sich ihrer vornehmen Herkunft bewusst, schrieb einen deutlichen Brief an den Marschall de Maillebois in Bonn, dem das Heer unterstand; bald schon konnte sie ihren Schwestern dessen Antwort vorlesen: wenn auch die ganze Stadt solle umgekehrt werden, so sollte ihnen doch kein Leid geschehen. Und dabei blieb es.
Im Kloster selbst setzte die Superiorin sinnvolle Neuerungen durch. In der Klosterregel stand, die Schuhe der Schwestern sollten gantz gemein von Kalb = Leder/ohne Zierd/ohne hölzerne Stöckel seyn – also ohne Absätze, das machte nur eitel. Die Oberin wusste: ein vernünftiger Absatz fördert vernünftiges Laufen. Und hatte der Ordensgründer nicht seinen ersten Schwestern schon eingeschärft: „Prüfet alles, das Gute behaltet!“? Anna de Bonnivet legte großen Wert darauf, dass alle Schwestern die Klosterregel sehr ernst nahmen; sie selbst, dass erlebten täglich ihre Mitschwestern, war darin vorbild-

lich. Aber hier gebot die Vernunft eine Änderung, und also sprach sie in der Konventversammlung darüber, erklärte ihr Vorhaben, Schuhe mit Absätzen einzuführen, ließ Zeit zum Überlegen und Nachfragen: bald schon kamen die ersten Schuhe mit Absätzen für die, die es wollten; den anderen ließ sie Zeit, und irgendwann trugen alle die neuen Schuhe. Und dann die Schlüssel: die Oberin allein besaß einen, keine andere Schwester durfte ihre Zelle abschließen, bestimmte doch die Ordensregel: Keine Cell solle weder von innen noch von außen mit einem Schloß oder Riegel versperret seyn/der Superiorin allein außgenommen.
Anne de Bonnivet wusste: bei aller Betonung der Gemeinschaft braucht jede Schwester auch einen Privatraum, das Gefühl des Persönlichen, ohne das kein Gemeinschaftsleben auf Dauer Bestand haben dürfte. Wieder sprach sie mit ihren Schwestern, behutsam, aber bestimmt; Bedenken, gar Vorwürfe, sie verletze die heilige Regel, wischte Maria Anna nicht weg, sie griff sie auf und argumentierte und überzeugte. Jede Schwester bekam nun auch was Eigenes, und siehe da: der Gemeinschaftssinn wurde stärker, bewusster! Weihbischof Gondola war nicht nur den Augustiner Chorfrauen ein begnadeter Seelsorger; überall im Hochstift spürten die Menschen seine überzeugende priesterliche Haltung, sein uneitel demütiges Beten, sein mitreißendes Predigen, seine vertrauensvolle Führung als guter Hirte.
Was Wunder, dass der so beliebte Bischof den Protestanten ein Dorn im Auge war; und als 1758, im 3. Jahr des Siebenjährigen Krieges, die Hannoveraner ins Hochstift einfielen, ergriffen die Mitglieder des Domkapitels die Flucht. Auch Weihbischof Gondola verschwand – spurlos. Kein noch so intensives Fahnden nach ihm hatte Erfolg: keine Spur, nicht einmal die abgetauchten Domkapitulare, die untereinander Kontakt hielten, wussten etwas über sein Versteck. Wie auch! Gondola war, als die Hannoveraner ihn verhaften wollten, rechtzeitig getürmt,

schnurstracks ins Michaelskloster. Es war am Abend des 28. August 1758, das wegen der Hundertjahrfeier des Klosters besonders aufwendig begangene Hochfest des hl. Augustinus war zu Ende, die Pfortenschwester wollte gerade die schwere äußere Klosterpforte schließen, da stand ein Vermummter vor ihr, und auf sein „Ich bin der Weihbischof, holen Sie schnell die Mutter Superiorin!" war sie erschrocken losgelaufen. Oberin Bonnivet zog den Bischof ins Kloster, ließ abschließen und schleuste ihn, der die Superiorin derweil knapp informierte, in die Klausur und dort in eine leer stehende Zelle.
Erst in der Nacht, das Kloster lag in tiefer Stille, dämmerte der Oberin, was da passiert war – und das war unglaublich! Mutter Maria Anna wusste nur zu gut, wie streng und bis in kleinste Kleinigkeiten ihr Ordensvater Pierre Fourier übergenau festgelegt hatte, was Klausur für seine Schwestern hieß: Nur so hatte er ja 1628 von Papst Urban VIII. überhaupt erreicht, gleichzeitig Klausur und Unterricht für die Mädchen genehmigt zu bekommen.
Und jetzt hatte sie – der Oberin fielen tausend Vorschriften ein, gegen die sie verstoßen hatte: Sie hatte jemanden einfach in die Klausur gelassen, noch dazu einen Mann – ja gut, es war nicht irgendeiner, es war der Weihbischof!
Zwei Pforten hatte das Michaelskloster, eine innere und eine äußere. Keine Schwester, außer der Pförtnerin, durfte jemals die Schwelle des inneren Portals überschreiten; den kleinen Klosterinnenhof zwischen beiden Klostertoren durfte nur die Pfortenschwester betreten, um jeden Morgen wie jeden Abend den Schließdienst am massiven Tor zur Straße hin zu versehen. Hatte der Ordensgründer nicht ausdrücklich vorgeschrieben, sich von dem Verkehr mit auswärtigen Personen absolut fernzuhalten; eigens genannt waren da auch Angehörige und sogar gantz fromme Männer, also Priester! Das hatte Pierre Fourier mit großer Sorge geschrieben, aus Furcht, es möchte sich bei diesen Gelegenheiten unvermerkt bei ihnen

irgendwelche Zerstreuung einschleichen. Auch Priester waren Männer, die Oberin musste bei dem Gedanken kurz über sich selbst schmunzeln, wurde aber gleich wieder ernst: Zu deutlich war, wie streng sie die Priester auf Abstand halten sollten, selbst die vertrautesten Seelsorger. Zweifach hatte das Eisengitter zu sein, das Konvent und Altar voneinander trennte; durch ein kleines Törchen nur durfte der Priester die heilige Kommunion reichen, ansonsten war die Dichte der Gitterstäbe genau vorgerechnet, ebenso wie das Fenster, durch welches man die Beichten ableget: anderthalb Schuch breit/ und zwey Schuch hoch / auch mit starcken eisernen Gitteren versicheret. Und wenn mal kurzfristig jemand ins Haus gelassen werden musste: ein Handwerker, ein Arzt, ein Priester zum Versehgang, musste die Superiorin vorhero ihren gesambten Concilierinnen solches angedeutet / und ihr Gutachten hierüber vernommen haben. Aber wie hätte sie in der Gefahrenlage so schnell auch nur eine einzige Ratsfrau auftreiben sollen, geschweige denn alle? Und überhaupt – die Oberin richtete sich plötzlich in ihrem Lehnstuhl auf: war es hier nicht um Leben und Tod gegangen? War da nicht äußerste Eile geboten gewesen, das Leben eines Menschen zu retten, eines Weihbischofs sogar, ihres Weihbischofs? Und egal, ob Weihbischof oder sonst wer! Die Superiorin war sich plötzlich ganz sicher: Hier ging es um ein Menschenleben, das wog mehr als die Ordensregel! Sie hatte entschieden, wie immer war sie der Mahnung ihres Ordensvaters gefolgt: „Prüfet alles, das Gute behaltet!" Das Leben eines Menschen zu schützen war immer gut, und wenn es dann gar das des Weihbischofs war ... plötzlich, die Oberin bekam Gänsehaut, durchfuhr es sie freudig: jetzt hatten sie ihren geliebten Weihbischof ganz bei sich, jetzt könnten sie jeden Tag mit ihm ihr Chorgebet halten, die Messe feiern, jeden Tag von ihm einen Vortrag hören!
Mutter Maria Anna war sich plötzlich ganz sicher: Ich habe richtig gehandelt, morgen werde ich den Konvent unterrich-

ten. Die Oberin ging in ihre Schlafzelle, völlig zufrieden mit sich, auch wenn ihr gleichzeitig seltsam durch den Kopf ging, dass da in einer Klosterzelle ihr so verehrter Bischof Gondola schlief. Die Klosterfrauen waren von ihrer Superiorin ja schon allerhand gewöhnt – aber das hier? Zugegeben: Den Weihbischof verehrten sie alle, sie warteten jedes Mal schon ungeduldig auf sein Kommen. Und deshalb freuten sich einige Schwestern auch heimlich für sich, als sie von ihrer Oberin erfuhren, was da gestern Abend passiert war. Nach außen aber zeigten die Schwestern verblüfftes Erstaunen, starkes Befremden, manche sogar helles Entsetzen: Das ging ans Eingemachte, das traf den Kern der Klosterregel, das war ausdrücklich verboten – und es gehörte sich doch auch nicht, Tag und Nacht einen Mann in der Klausur zu haben!

Mutter Maria Anna kannte ihre Mitschwestern, und deshalb hatte sie sich in der Nacht noch ihre Strategie ausgedacht: nur kurz informieren, dann aber alle sofort in die Kapelle, dort gemeinsam mit dem Weihbischof beten und ihn dann gleich zu Wort kommen lassen. Ihr Plan ging auf, der Bischof nahm die Schwestern von Beginn an für sich ein: Er schätzte uns glücklich, daß wir so oft das Glück haben, unsern Gott und Herrn zu besuchen und anzubeten: Er werde einige Tage dieses Glück mit ihnen teilen, er müsse wohl zehn oder zwölf Tage bei ihnen bleiben, er wolle in dieser Zeit mit ihnen das Chorgebet beten, ihnen täglich die hl. Messe lesen und mit ihnen viel nachdenken über das Wort der Heiligen Schrift. Die Oberin spürte, während der Weihbischof sprach, wie natürlich es ihm gelang, alle Bedenken aufzulösen, die Schwestern fortzulenken von all ihren Vorbehalten hin zu absoluter Freude darüber, diesen begnadeten Priester nun für mehrere Tage ganz bei sich haben zu dürfen.

Dass alles sich komplizierter herausstellen würde als zunächst gedacht, zeigte sich indes sehr bald: Seiner Meinung nach wollte er nur 10 oder 12 Tage bei uns bleiben; allein der

Himmel verordnete es anders. Man suchte seine Person, und es war nicht ratsam, sich öffentlich sehen zu lassen. Also verstrichen unvermerkt 11 ganze Wochen, daß wir diesen geistreichen Vater bei uns behielten.
Absolute Vorsicht war geboten, totale Verschwiegenheit auch, und also ließ man wie immer jeden Morgen einen Priester kommen, der ahnungslos mit den Schwestern die Eucharistie feierte. Dem Weihbischof errichtete man auf dem Chor vermittelst eines Portabile einen Altar. Die Sakristanin diente ihm zur Messe.
Ganz schnell und tief zufrieden gewöhnten sich die Schwestern an die außergewöhnliche Situation. Er hörte uns oft die Beichte, und es hatte eine jede freien Zutritt zu ihm. Die geistlichen Lehren, sowohl mündliche als auch schriftliche, sind unzählig, und man kann sagen, daß es eine wahre Erneuerung des Geistes bei uns gewesen ist. Das vor allem war der Oberin sehr wichtig, und sie nutzte geschickt die Lage, den Weihbischof als objektiven Beobachter sich einmischen zu lassen: Seine Aufmerksamkeit erstreckte sich auf alles, seine Leutseligkeit und discretion corrigirte danach alles, was noch nicht vollkommen war; eingeschlichene kleine Fehler des Chores und einige Preces oder Gebete verbesserte er, besonderes was wir nach der Prim beteten.
Superiorin und Weihbischof waren sich einig: Der Tagesablauf blieb wie gewohnt erhalten, jede Schwester ging ihrer täglichen Arbeit nach, der Unterricht der Freischülerinnen wie der Pensionärinnen wurde planmäßig erteilt; der Weihbischof erledigte derweil seine amtlichen Aufgaben, deren Ergebnisse er auf verborgenen Kanälen seinen Mittelsmännern zukommen ließ, ohne dass diese erfuhren, wo er steckte. Auf die Klausur der Schwestern kam niemand, auch die Hannoveraner hätten sich das nicht vorstellen können. Täglich speiste unser liebreicher Vater mit uns im Refektor. Zwar wurde die Non im voraus gebetet, die Tischlesung aber nicht versäumt; auch blieb alles

in seiner Ordnung. Danach machte ein geistreiches Gespräch den Schluß. Am 13. November kam der Abschied: nachdem mehr Sicherheit war, mußte es geschieden sein. Der kindlichen Ergebenheit unsererseits kam es schwer an, von einem solch vollkommenen Vater geschieden zu werden.
Exerzitien hatte Bischof Gondola den Schwestern gehalten, die Texte der einzelnen Vorträge bekam die Oberin und gab sie ins Archiv zu späterem Gebrauch. Ja, der erfahrene Seelsorger hatte es sogar verstanden, eine seit vielen Jahren verspürte Unruhe bei den Pensionärinnen zu heilen. Dieses veranlaßte unsern Hochwürdigsten Herrn Bischof auf unser demütiges Ersuchen, die Exorcismus zu halten. Zu diesem Zwecke errichtete man auf dem Zimmer der Pensionärinnen einen Altar, allwo eine hl. Messe gehalten wurde und die Gemeinde die hl. Communion aus Bischöflichen Händen empfing. Dann wurden die Exorcismus gehalten und deren Wohnungen allesamt die kräftigste Benediction gegeben mit der Versicherung, daß nichts mehr zu fürchten sei. So hatte der Weihbischof zur Freude der Oberin und all ihrer Mitschwestern eine über Jahre immer heftiger aufgeschaukelte Hysterie entschärft, ja beseitigt. Der Abschied war sehr bewegend, vor allem für die Schwestern. Der kindlichen Ergebenheit unsererseits kam es schwer an, von einem solch vollkommenen Vater geschieden zu werden ... es zerfloß eine jede in Zähren. Bischof Gondala hielt seine Abschiedspredigt über das Thema: Die Rede des hl. Paulus an die Epheser – eine Rede voller Abschiedsgedanken, denn der Apostel ging von den Ephesern fort zurück nach Jerusalem: „Ich gehe wieder fort in die Unruhe des Weltgetümmels“, hatte Paulus gesagt, und der Weihbischof wusste, es würde auch für ihn selbst nicht leicht werden – die Hannoveraner waren zwar abgedrängt worden von den Franzosen, aber der Krieg dauerte an, und wie schnell konnte das so heiß umkämpfte Hochstift erneut den Hannoveranern oder den Hessen in die Hände fallen.

Am Ende seiner bewegenden Homilie, die das Archiv des Klosters aufbewahrt, dankte der Bischof für alle Gastfreundschaft: So dank ich euch, meine lieben Kinder, für alle eure Dienste, Sorge, Aufwartung und Mühe, so ihr meinetwegen gehabt und mir geleistet habt. Ich bin davon sehr gerührt. Ich bin unter euch ein- und ausgegangen, habe mich beflissen, euch ein gutes Beispiel zu geben. Habe ich aber einige Fehler begangen, so bitte ich, mir solche zu verzeihen; im übrigen bin ich recht vergnügt allhier gewesen und scheide ungern von euch; doch es ist die Stunde.

Vor seinem Tod am 5.3.1774 hat Weihbischof v. Gondola verfügt, dass den Augustiner Chorfrauen mehrere Schenkungen zugehen sollten in Betracht sehr vieler Wohltaten, die wir von dem löblichen Kloster der sogenannten französischen geistlichen Jungfrauen empfangen haben.

Die amtierende Oberin Maria Xaveria Contzen besiegelte die Schenkungen mit ihrer Unterschrift, und darunter folgt der Name ihrer Assistentin Maria Anna de Bonnivet: sicher hat die beim Unterschreiben erinnerungsvoll geschmunzelt!

Anne Steinwart

Träume

Im Mondlicht
schmückt sich die Nacht
das Meer
ist ihr Spiegel

Schön ist die Nacht
aus Samt und Seide
ihr Kleid
bestickt
mit goldenen Sternen
Wenn alle schlafen
umarmt die Nacht
jedes Haus
öffnet Türen und Herzen
und erzählt
wahre Märchen

Tausend und eins

Roland Medicke

Neue Liebe

In der Frühstückspause spricht mich mein Kollege Urs an: „Du sag mal, bist du nicht aus Paderborn?"
„Ja", antworte ich überrascht. Nun lebe ich schon so lange hier in der Schweiz, und niemand hat mich bisher auf meine Geburtsstadt angesprochen.
„Gestern Abend war eine Sendung übers Fernsehen in den Siebzigern, da haben sie euer Rathaus als Pausenbild gezeigt." Urs sieht mich an. „Sah hübsch aus!"
Ich versuche, mir jenes Gebäude vorzustellen. Obwohl in Paderborn aufgewachsen, breche ich nicht in Begeisterung aus. Die Stadt ist mir ziemlich fern. „Da war mal was mit Karl dem Großen und einem Papst", sage ich schließlich. Der heilige Liborius und der Dom fallen mir noch ein. Das Ende der Frühstückspause erlöst mich aus meiner misslichen Lage.
Aber die Erinnerung an Paderborn lässt mich dann doch nicht in Ruhe, und ich beschließe, am Wochenende hinzufahren. „Was hast du vor?", fragt Urs, als ich am Freitag früher als gewöhnlich meine Arbeit beende. „Ich werde eine lang vernachlässigte Bekannte besuchen." „Und was sagt Irene dazu?" Sein Erstaunen amüsiert mich. „Die hat nichts dagegen und ich werde Fotos mitbringen." Am nächsten Morgen, in Paderborn, führt mich meine älteste Erinnerung zuerst zum Tegelweg. Die Toreinfahrt durch einen der Blocks versetzt mich in Spannung. Hier habe ich einen Teil meiner Kindheit verbracht. Nach wenigen Schritten erscheint ein Bild vor meinen Augen. Mehrgeschossige farblose Hausfassaden umschließen mich. Meine Mutter, mit Kopftuch und Kittelschürze, hat Waschtag. Die Trockenwiese ist mit blütenweißer Wäsche gefüllt. Meine Spielkameraden und ich lassen uns die Laken ins Gesicht wehen und ziehen den frischen Geruch, den die Wäsche aus-

strömt, tief in die Nase. Meine Mutter schimpft, wie es alle Mütter hier tun, wenn wir zwischen der Wäsche spielen.
Das Bild verschwindet, und ich schaue nach oben. Im dritten Stock, da haben Hernemanns gewohnt. Michael und Heinz, zwei ihrer sieben Kinder, waren meine Spielkameraden. Gleich darunter, uns gegenüber, wohnten Dreggers. Die hatten nur drei Kinder. Ihre Tochter Ute war in meinem Alter und gehörte als einziges Mädchen mit zu unserer Bande. Ihr Vater würde zu viel trinken, wurde erzählt. Er war immer gut angezogen und freundlich zu mir. Ich war Einzelkind, das war ungewöhnlich. Meine Mutter war berufstätig, das war auch ungewöhnlich. Sie arbeitete als Krankenschwester. Aber ich war nie alleine.
Mein bester Freund Paul hatte noch drei Geschwister: Helga, Jochen und Dieter. Ich erinnere mich noch so genau an ihre Namen, weil seine Mutter sie jeden Abend, wenn es Zeit wurde nach Hause zu kommen, laut über den Hof rief. Eigentlich riefen alle Mütter am Abend nach ihren Kindern, aber Pauls Mutter rief am lautesten. Sie wohnten ganz unten in der Wohnung neben der Eingangstür.
Paul hatte eine Hasenscharte und ein rundes Gesicht. Weil er einen Lederfußball besaß, durfte er beim Spielen die Mannschaften auswählen. Sein Vater war Invalide. Er hatte in den letzten Tagen des Krieges bei einem Bombenangriff sein linkes Bein verloren. Deshalb arbeitete er auch im Kaufhof als Aufzugschaffner. Dort saß er den ganzen Tag auf einem Stühlchen, fragte die Kunden, in welche Abteilung sie wollten, und drückte dann den entsprechenden Etagenknopf. Aber das Wichtigste war, dass er immer etwas Neues zu erzählen wusste. Die Häuserblocks haben jetzt einen freundlichen bunten Anstrich. Aber irgendetwas stört mich. Ich ziehe meine Kamera aus der Tasche und schieße das erste Foto. Als ich mir das Bild noch einmal im Display betrachte, weiß ich, was fehlt: Es sind die Menschen mit ihrer Geschäftigkeit. Ich gehe zurück durch die Toreinfahrt. Teile der Grünstreifen zwischen

den Gehwegen sind zu Parkplätzen geworden. Dort haben wir Fußball gespielt. Durch die Fehlpässe wurde die Straße gleich mit zum Spielfeld. Die Mütter warteten hier, die Milchkannen in der Hand, und schwatzten, bis der Milchmann mit seinem Pferdewagen kam. Dann standen sie hinten am Wagen, ließen sich die Kannen füllen und erfuhren den neuesten Tratsch. Wir Kinder streichelten das Pferd und fütterten es mit geklauten Äpfeln. Die Mutigeren unter uns kletterten auf den Pferderücken. Aber trotz Hü und Hott machte Lotte nicht einen Schritt. Schräg hinter mir liegt die Heinrichskirche. Den verwilderten Garten daneben gibt es auch nicht mehr. Ich öffne das schwere Kirchenportal des wie ein Bollwerk wirkenden Gotteshauses. Hier hat sich nichts verändert. Die Kühle und der Geruch haben alle Zeit überdauert.
Erst benetzten wir uns ehrfürchtig mit Weihwasser, spielten nach einer Weile Fangen, sahen in den Beichtstuhl oder versteckten uns zwischen den Bänken. Die Ermahnungen des Vikars, wir sollten doch ruhig und andächtig sein, wirkten nur kurz. Weil man es nicht an der Nasenspitze erkennen konnte, wurde auch mir der Kopf getätschelt, bis einer meiner Spielkameraden herausposaunte: „Der ist doch evangelisch!“ Von da ab musste ich draußen bleiben. Auf einem weiteren beliebten Spielplatz, dem Nordbahnhof, gab es diese Ausgrenzung nicht. Hier waren auch orientalisch aussehende Menschen anzutreffen, wenn ein Zirkus in die Stadt kam.
Dann verlor sogar der Schrottplatz mit seinen Autowracks seine Anziehungskraft. Die Güterwaggons, sonst mit Altmetall und Kohle beladen, waren dann Transportmittel für Tiger, Giraffen und Bären. Die wilden Tiere in ihren vergitterten Wagen wurden von Traktoren Richtung Schützenplatz gezogen. Wir Kinder rannten hinterher, während die Löwen und Tiger laut brüllend in ihren Käfigen auf und ab liefen. Die Lamas, Pferde und Kamele wurden an Halftern durch die Straße geführt. Sogar die Elefanten. Danach wollten die Mädchen immer et-

was mit Pferden werden und wir Jungen Elefantenführer oder Traktorfahrer. Vielleicht ist ja Gerd beim Zirkus gelandet. Für seine artistischen Fähigkeiten war die Lagerfläche des früheren Straßenbahndepots der Pesag wie geschaffen. Es war Feindesland und wurde nur mit Vorsicht von uns betreten. Die leer getrunkenen Bierflaschen der Arbeiter waren begehrte Sammelobjekte. Um mit dem Flaschenpfand unser Taschengeld aufzubessern, mussten wir oft über die hier lose gelagerten Telegrafenmasten balancieren. Gerd war der Wagemutigste. Selbst wenn die Stämme ins Rollen oder Wippen gerieten, hielt er noch die Balance und angelte sich die Flaschen heraus. Die Schönheit des alten Depotgebäudes erschließt sich mir nun erst nach über vierzig Jahren. Heute lockt es mit Parkmöglichkeiten und einem Supermarkt. Ich kaufe zwei belegte Brötchen und stecke sie mir für später in den Rucksack. In Richtung Rolandsweg vermisse ich die hohe Mauer, die das Gelände der Pesag umschloss. Auch der Baum, der mit der Mauer verwachsen schien, ist verschwunden. Auf seine Hilfe waren wir angewiesen, um das Schutzschild vor der dahinter liegenden anderen Welt zu überwinden. Das farblose, ausgestorben wirkende Gelände war der Lagerplatz unzähliger grauer Betonröhren. In unserer Fantasie wandelte sich alles zu einem menschenfeindlichen Planeten. Die oft meterhoch übereinander gestapelten Röhren waren Raumschiffe und Behausungen fremder Lebewesen. Weil das Laserschwert noch nicht erfunden war, zogen wir die langen Gummidichtungen aus den Röhren und vertrieben damit die bösen Außerirdischen. Der Baum mit seinen grünen Blättern war dann jedes Mal der Wiedereinstieg zurück zur Erde. Feindliche Lebewesen gab es aber tatsächlich. Es waren die Arbeiter der Pesag, vor denen wir mehr Schiss hatten als vor jedem Alien. Ziellos leitet mich die Erinnerung weiter. Dann drehe ich mich im Kreis. Um mich herum unbekannte Häuserreihen und Straßen, die aussehen, als wären sie immer schon hier gewesen. Beden-

ken, mich zu verlaufen, habe ich nicht. Ich bin mir sicher, hier waren Schrebergärten und haushohe Bäume, in deren Kronen wir unsere ersten Zigaretten geraucht haben.
Ein Blick auf die Uhr sagt mir, dass ich schon zu viel Zeit vertrödelt habe. Auf meinem alten Schulweg haste ich in Richtung Innenstadt. An der Bäckerei Ferdinand Fockele bleibe ich kurz stehen und mache ein Foto. Nur noch eine verschnörkelte Schrift erinnert an das frühere Ladengeschäft. Auf Zehenspitzen stehend habe ich hier als Knirps das Geld für ein Brot auf den Tresen gelegt. Weil ich es immer so eilig hatte, bin ich oft ohne Wechselgeld aus dem Laden gelaufen. Aber Frau Fockele wusste, wo wir Kinder hingehörten.
An der Heiers-Apotheke laufe ich bei Rot über die Kreuzung. Ob es wohl gleich immer noch nach Geräuchertem riecht?
Nein, denn die Fleischerei Honervogt gibt es auch nicht mehr. Dafür riecht es an der Stelle, wo früher die „Kleine Post" war, nach Gyros. Kurz überlege ich, ob ich mir eine Pita kaufen soll. Es ist zwanzig nach Zwei. Ich habe keine Zeit. Wir sind morgen bei Büttikofers zum Brunch eingeladen und ich muss deshalb heute noch zurück.
Gleich zu Anfang der Hathumarstraße wohnte in einem Eckhaus mein Schulfreund Peter. Mit meiner Kamera in der Hand bin ich einer von vielen Touristen, die die schön hergerichteten Fassaden und Gässchen um das Adam-und-Eva-Haus fotografieren. Zu unserer Schulzeit waren die baufälligen Gebäude mit Bretterwänden versperrt. Aus den Lücken zwischen den Brettern und dem Pflaster wuchs dichtes Unkraut hervor. Gerne hätte ich Fotos auch aus dieser Zeit.
Oft wartete Peter schon im Hauseingang. An manchen Tagen stand seine Mutter am Fenster und sah uns nach. Wenn ich mich umdrehte, winkte sie. Peter drehte sich nie um, ich glaube, er schämte sich. Am Michaelskloster biege ich links in den Eselsberg ein. Das grobe Kopfsteinpflaster ist für elegante Frauenschuhe ungeeignet, passt aber an dieser Stelle

wunderbar in das Stadtbild. Oft trafen wir hier mit Jürgen zusammen. Um mit uns zu gehen, kam er keuchend angerannt. Gewartet haben wir nie, weil wir eigentlich nicht mit ihm befreundet sein wollten.
Die letzten paar Meter bis zur Lutherschule strömten die Schüler aus allen Richtungen und drängten zwischen Abdinghof-Kindergarten und der hohen Mauer des Fürstenhofs über den Pausenhof ins Schulgebäude. Der Unterricht begann dann mit: „Guten Morgen, Fräulein Sievert!" Worauf Fräulein Sievert antwortete: „Guten Morgen, Kinder, setzen!" Nach Schulschluss hatten wir alle Zeit der Welt. Wir trödelten um den Dom herum. Auf dem dahinter liegenden Gelände spielten wir Verstecken zwischen Mauerresten und Holundergestrüpp. Wir ahnten damals nicht, welche historischen Schätze sich unter unseren Füßen befanden.
Das verwilderte Grundstück des alten Gerichts und die Paderquellen regten unsere Phantasie an, vermuteten wir doch in den Kellergewölben die noch in Eisen geschlagenen Skelette armer Sünder. Vergessen, bis zu den Hüften im kalten Paderwasser stehend, die Münder aufgerissen, den Blick zur Decke gerichtet. Aufgrund dieser Schauergeschichten wagte sich niemand in das alte Gemäuer.
Heute beherbergt es die Stadtbücherei. Die Pader war hier nicht tief, darum fand ich es auch nicht schlimm, dass ich Jürgen, ihn am Ranzen zerrend, ins Wasser warf. Meine Ausrede, er hätte ein paarmal ganz laut „Sitzenbleiber" zu mir gesagt, stieß bei meinen Eltern auf taube Ohren, und ich bekam Stubenarrest. Sentimentalität beschleicht mich. Früher war alles besser, die Sommer waren wärmer und die Winter kälter.
Dann rufe ich mir den Schrecken der Flutkatastrophe vom Juli 1965 ins Gedächtnis. Unsere Väter gingen nicht zur Arbeit, stattdessen füllten sie Sandsäcke und versuchten, Kellereingänge und Fenster vor der ständig steigenden Flut zu schützen. Doch nichts hielt dem Druck der Wassermassen stand.

Heute kann ich die Angst meiner Mutter verstehen, ich könnte in einen der offenen Gullyschächte fallen, die unter dem knietiefen Wasser lauerten.
Als das Wasser zurückging, ließ es eine dicke Schlammschicht in den Kellern zurück. Die Bretterwände der Kellerboxen waren zerstört. Vorräte, Kartoffeln und Kohlen waren durcheinandergetrieben worden und die Männer schaufelten alles auf Lastwagen, Tag und Nacht. Auch das blaue Zündapp-Moped meines Vaters hatte das Unwetter auf dem Gewissen. Irgendwo schlägt eine Turmuhr und mahnt mich, die Zeit nicht zu vergessen. Den Rückweg zum Auto, die Fahrt nach Zürich... Zum Rathaus muss ich aber auf jeden Fall noch. Ich dränge alle Erinnerungen zur Seite und schreite zügig aus. Links die Abdinghofkirche, rechts unter mir das Paderquellgebiet. Ich beneide die jungen Leute, die dort auf der Wiese sitzen und plaudern können. Die Brötchen im Rucksack fallen mir ein und schlagartig meldet sich mein Magen. Zwischen der Mariensäule und dem Residenz-Theater sehe ich das Schuhgeschäft Wüseke vor mir. Während ich vor dem Geschäft stehe und an einem der beiden Brötchen kaue, macht es Klick, als ich das Wort SALAMANDER lese. Na klar, die Abenteuerheftchen mit Lurchi, dem Salamander, und seinen Freunden. Auch wenn wir keine neuen Schuhe brauchten, betraten meine Mutter und ich bei jeder Einkaufsrunde den Laden. Wir besuchten Fräulein Schnörle, die unverheiratete Schwester eines Arbeitskollegen meiner Mutter. Sie war Kassiererin und damit auch Hüterin der Lurchi-Hefte. Selbstbedienung gab es nicht. Man musste nachfragen und bekam dann mit einem wohlwollenden Lächeln ein Heft gereicht. Das verschwand dann in einer der Einkaufstaschen. Während sich meine Mutter mit Fräulein Schnörle unterhielt, sah ich den Verkäuferinnen zu. Gerne würde ich den Laden betreten. Die Holzregale, bis unter die Decke gefüllt mit Schuhkartons. Der Teppichboden, der jedes Geräusch dämpfte. Der Geruch nach Leder und das raschel-

de Papier, in das jedes Paar Schuhe eingewickelt waren. Mit den neuen Schuhen vor dem Spiegel auf und ab gehend kam man sich plötzlich vor wie ein anderer Mensch. Der Radfahrer, der an mir vorbeizischt, bringt mich zurück in das Jetzt. Trotz meiner knappen Zeit entscheide ich mich, einer Gewohnheit von damals zu folgen und egal, wie spät es ist, eine Tasse Kaffee zu trinken.

Ich wende mich in Richtung Westerntor. Nach ein paar Schritten bleibe ich stehen und ziehe die Luft in die Nase. Der Geruch, der mich leiten sollte, bleibt aus. Den frisch gebrühten Kaffee des kleinen Tchibo-Ladens roch man schon von Weitem. Nach dem Besuch bei Fräulein Schnörle war dies immer unser nächstes Ziel.

Die Einkaufstaschen kamen unter eins der runden Stehtischchen und meine Mutter bestellte sich einen Kaffee. Hier war es immer brechend voll, aber das störte mich nicht im Geringsten, denn jetzt bekam ich mein Lurchi-Heft. Ich war beschäftigt und meine Mutter konnte in Ruhe ihren Kaffee schlürfen.

Als ich an der Stelle, wo ich Kaffee trinken möchte, einen Handyshop vorfinde, bin ich nicht einmal überrascht. Ich mache eine Kehrtwendung und bin entschlossen, mich nicht mehr ablenken zu lassen.

Vor mir steht das Rathaus. Es ist wirklich ein imposantes Gebäude. Urs fällt mir ein, und ich habe eine Idee. Eine Hochzeitsgesellschaft hat sich um den Kump gruppiert und prostet dem Brautpaar zu. Auch ein paar japanische Touristen stehen dabei. Ich ziehe mein Smartphone hervor, nehme die Szene aufs Korn, schreibe „PAUSE!" dazu und schicke das Bild an Urs.

Der Dom ist eine willkommene Abkürzung, ich eile durch den Altarraum. Doch nach den ersten Schritten bremse ich mich.

Nur weil etwas immer schon da ist, eben um die Ecke und jederzeit verfügbar, schätzt man es nicht. Nun stehe ich staunend da, als wäre ich zum ersten Mal an diesem Ort. Viele Jahre hindurch hätte ich die Möglichkeit gehabt, in Ruhe zu

genießen. Aber ich kannte den Dom nur als Abkühlung auf unseren Einkaufsrunden an heißen Sommertagen.
Die Viertelstunde, die ich für den Kaffee eingeplant hatte, nehme ich mir jetzt. Vor dem prächtigen Grabmal Dietrichs von Fürstenberg mache ich halt. Die unzähligen filigran gefertigten Figuren lassen meine Augen in die Höhe wandern ... Und dann die Kapellen mit kunstvoll geschmiedeten Gittern, umrahmt von Säulen und Stuck. Ich spähe durch eines der Gitter in den dahinter liegenden Bet- und Begräbnisraum. Kaum zu begreifen, was Menschen vor Hunderten von Jahren mit ihren einfachen Werkzeugen geschaffen haben!
Aus der Weite des Domes gehe ich die Stufen zur Krypta und zu den Grabstätten des Heiligen Liborius, der Bischöfe und Weihbischöfe hinunter.
Ich empfinde Enge, als ich das niedrige, mit Mosaiken verzierte Gewölbe zu den Bischofsgräbern betrete. Wenn sich jetzt eine unsichtbare Tür schließen würde. Finsternis, Abgeschiedenheit und Stille. Ich schließe die Augen. Für einen kurzen Moment scheint mich das Gewicht des Gebäudes zu erdrücken. Ehrfurcht und ein Gefühl der Befreiung erfüllen mich, als ich wieder Luft und blauen Himmel über mir habe. Auf der Autobahn lasse ich den Tag noch einmal Revue passieren. Was wird Urs wohl sagen, wenn ich ihm erzähle, dass sich zu meiner „vernachlässigten Bekannten“ eine zarte Liebe entwickelt hat? Und dass ich darauf brenne, sie wiederzusehen?

Hermann Multhaupt

Das Revolverlehrstück

Seit August Möpkenbrot vom Thüringer Weg zum 85. Geburtstag ein Buch mit dem Titel „Zehn Regeln für ein gelungenes Leben“ geschenkt bekommen hatte, war die Welt für ihn nicht mehr die alte. An allem hatte er etwas auszusetzen, immer wieder nörgelte er herum, sodass seine Frau Elfriede ihm geflissentlich aus dem Weg ging. „Wie kann ein dummes Gör von achtundzwanzig Jahren wissen, wie das Leben gelingen soll?“, fauchte er am Abendbrottisch und meinte damit die Autorin, die nach seiner Meinung noch Eierschalen hinter den Ohren hatte. „Ich könnte ihr beibringen, wie das Leben zu meistern ist und nicht umgekehrt.“
August musterte seine Frau. Sie ging auf die achtzig zu. Am Rathausplatz hatte er in einem Schaufenster gelesen: „Women Sale“. Ob es dort Frauen zu verkaufen gab ...?
„Ich gehe jetzt.“ „Wohin?“ „Zur Bank. Ich brauche Geld. Muss die Rechnung für das Geburtstagsessen bei ‚Gerold‘ bezahlen.“ August Möpkenbrot zog die Jacke an, griff nach seinem Knotenstock und machte sich auf den Weg zur Sparkasse am Dr.-Rörig-Damm. Es standen nur drei, vier Kunden vor den Schaltern. Es würde nicht lange dauern. Plötzlich stürmte ein schwarz gekleideter Mann mit Gesichtsmaske in die Halle.
„Überfall! Alles hinlegen!“ Und zur Kassiererin hinter dem Tresen: „Hier! Einpacken! Los, machen Sie schon! Und keine Sperenzchen. Sonst knallt´s.“ Eine Plastiktüte flog über den Tisch. Der Lauf eines Revolvers folgte jeder Bewegung. Die Kunden lagen zitternd am Boden. Nur August Möpkenbrot nicht. „Hör mal. Die Einladung gilt auch für dich. Hinlegen, kapiert?“ „Ich habe ein steifes Bein“, log August mit ruhiger Miene. „Wenn ich mich hinlegen soll, müssen Sie mir nachher auch wieder auf die Füße helfen.“ „Du spinnst wohl, was?“ Die Augen des

Räubers wanderten blitzschnell zwischen der Kassiererin und August Möpkenbrot hin und her. Der Revolver kam ihm bedrohlich näher.
„Ein interessantes Ding, das Sie da haben." „Schnauze!" „Ich kenne mich aus. Ein schönes Stück. Nur schade, dass Sie damit auf eine wehrlose Kassiererin zielen. Das hat der Revolver nicht verdient." Der Räuber fuchtelte mit seiner Waffe herum. Die Sparkassen-Angestellten standen mit erhobenen Händen wie versteinert hinter der Kassiererin, die mit flatternden Händen das Geld zusammenraffte, dessen sie habhaft werden konnte. „Dass mir keiner auf die Idee kommt, einen gewissen Knopf zu bedienen", rief der Räuber. Er zielte auf die Kassiererin.
„Fürwahr, ein schönes Ding." August Möpkenbrot trat einen Schritt näher. „Darf ich mal sehen?" „Untersteh dich! Du hast wohl nicht alle, was?" „Benutzen Sie Flobertpatronen?", fragte August ungeniert und blickte mit scheinbarem Interesse auf den Revolver. „Wie? Was für Patronen? Pass auf, dass ich dir nicht eine in dein vorwitziges Maul schieße, du alter Narr."
„Wäre schade für eine Smith & Wesson. Kaliber 22. Oder 32? Modell Nr. 2 nicht wahr? Spielte im amerikanischen Bürgerkrieg eine Rolle." Der Räuber stutzte. „Kipplaufrevolver" sagte er nur. „Eben. Der Lauf wird zum Laden und Entladen nach oben geschwenkt, habe ich recht? Dann entfernt man die Trommel, die auf einer kurzen Trommelachse am hinteren Ende des Rahmens liegt und kann diese laden oder entladen."
„Woher wissen Sie das alles?"
Noch immer wanderten die Augen des Räubers zwischen der Kassiererin und August Möpkenbrot hin und her.
„Na wird´s bald?", schrie er sie an. „Kennen Sie das Problem bei Randfeuermunition, dass die Hülse im Bereich der Zündmasse sehr dünn sein muss, damit sie über einen Schlagbolzen oder Zündstift gezündet werden kann?" „Ich habe davon gehört. Aber trifft das auch auf dieses Modell zu?" „Das wollen wir nicht hoffen. Denn wenn Sie eine Patrone aus dem Lauf ja-

gen, sollen Sie sich ja nicht obendrein verletzen." „Verletzen?" Soweit man sehen konnte, klimperte der Räuber plötzlich mit den Augenlidern. „Viele Revolver, zum Beispiel der Colt Open Top, benutzen Randfeuerpatronen, die ursprünglich für Unterhebelrepetiergewehre entwickelt worden sind."
„Für Unter..." „Genau. Doch die Randfeuerpatronen wurden bald von Revolvern für Zentralfeuerpatronen abgelöst." Der Räuber schüttelte den Kopf. Er kam ins Schwitzen. „Doch was hat das alles mit mir zu tun?", rief er.
„Mit Ihnen gar nichts", erwiderte August Möpkenbrot seelenruhig. „Nur mit dem Revolver. Wirklich ein schönes Stück."
Die Kunden auf dem Fußboden begannen sich zu rühren, die Sparkassen-Angestellten ließen vorsichtig die Hände sinken.
„Ruhe! Ich schieße! Ich mache keinen Spaß!" „Es ist schade", sagte August Möpkenbrot. „Was ist schade?" „Dass Sie nicht das Modell Nr. 3 von Smith&Wesson kennen. Das ist ein Revolver mit abklappbarem Lauf. Na ja, davon verstehen Sie ja nichts." Jetzt gab der Räuber August Möpkenbrot einen Stups in die Seite. „Ich verstehe nichts davon? Haben Sie eine Ahnung! " „Ja, ja, Modell Nr. 3 war außerordentlich erfolgreich auf dem zivilen Markt und wurde in allen gängigen Kalibern auch an diverse Armeen geliefert. Allerdings weiß ich nicht, ob Sie damit hätten umgehen können." „Ich nicht... Na, hören Sie mal. Ich bin ein Revolvernarr." „Ein Narr gewiss, guter Mann."
Die Kassiererin hob hinter der Glasscheibe den gefüllten Beutel in die Höhe. „Was ist nun mit dem Geld?", fragte sie, und sie lachte sogar dabei. Auch die Sparkassen-Angestellten stimmten in das Gelächter ein.
„Respekt!", rief der Räuber. „Ich bitte mir Respekt aus. – Her mit dem Geld!" „Sache, sachte", sagte der Polizist, der plötzlich hinter dem Räuber stand, während sein Kollege die Handschellen zückte. „Nun bin ich nicht dazu gekommen, Ihnen das Modell Nr. 3 genauer zu erklären", bedauerte August Möpkenbrot.
Der Räuber blickte sich zu ihm um. „Versprechen Sie mir eins",

bat er, bevor er hinausgeführt wurde, „versprechen Sie mir, dass Sie mich im Gefängnis besuchen. Dort können wir unser interessantes Gespräch fortsetzen." „Ja, ja", rief August Möpkenbrot, „ich erkläre Ihnen dann den Ausschwenkzylinder und den Hülsenauswerfer. – Versprochen."

Celia Ndzala

Es begann vor dem Dreihasenfenster

Ja, ich erinnere mich noch genau, es begann tatsächlich alles vor dem Hasenfenster im Paderborner Dom. Fast erinnere ich mich so, als wäre es erst gestern oder vielleicht vorgestern geschehen, jedenfalls nicht vor allzu langer Zeit.
Das Dreihasenfenster im Paderborner Dom hat mir schon immer sehr gefallen. Seit ich vor nunmehr über zwanzig Jahren nach Paderborn gezogen bin – kaum zu glauben, wie die Zeit vergeht –, bin ich, sofern es mir möglich war, in den Dom gegangen und habe dort alles bestaunt, was ich noch nicht kannte. Ich, die ich aus einem kleinen, unbedeutenden Ort kam, in dem es gerade mal eine kleine Dorfkirche gibt. Nichts gegen Kirchen im Dorf, auch die können wunderbar und sehr beeindruckend sein, und viele haben auch ganz besondere Geschichten, aber so ein Dom, das ist doch etwas Besonderes. So dachte ich damals und eigentlich auch heute noch. Da meine erste kleine Studentenwohnung nicht allzu weit von der Innenstadt entfernt lag, genauer gesagt unweit der Warburger Straße, ziemlich genau zwischen der Universität und der Innenstadt, war ich zu Beginn meiner Paderborner Zeit fast ebenso oft in der Innenstadt wie an der Universität, an der ich ein Studium der Geisteswissenschaften begonnen hatte.

Das Studium war der Grund, weswegen ich ursprünglich nach Paderborn gezogen bin. Fast jedes Mal aber, wenn ich in der Stadt war, versuchte ich ein paar Minuten Zeit zu finden, um in den Dom zu gehen. Wenn man das so liest, dann sollte man meinen, es mit einem besonders religiösen Menschen zu tun zu haben, doch auch wenn mir die Religion nicht unwichtig ist, so betrachte ich mich doch als einen eher durchschnittlichen Menschen, der nur gelegentlich Sehnsucht hat nach etwas Ruhe und Besinnlichkeit in einer manchmal doch etwas zu hektischen Zeit. Und die, so stellte ich bald fest, konnte ich im Dom finden, und zwar ganz besonders an jenem meist stillen Ort vor dem Hasenfenster.
Da stand ich also wieder einmal, versunken in meine eigenen Gedanken und Problemchen, als mich eine fremde Stimme fragte: „Was ist die Bedeutung dieses Fensters?"
Ich schaute auf und sah in ein freundliches, fragendes Gesicht, das zu einem etwa gleichaltrigen jungen Mann gehörte und der mir irgendwie bekannt vorkam.
„Wie bitte?", fragte ich zunächst, leicht verwirrt, denn mit meinen Gedanken war ich wieder einmal gänzlich woanders gewesen und hatte noch nicht einmal bemerkt, dass sich mir jemand genähert hatte. Der Fremde wiederholte seine Frage und erst jetzt bemerkte ich, dass er mit einem fremdländischen Akzent sprach.
„Vielleicht ist er ein Tourist", dachte ich, und sogleich verspürte ich ein wenig Stolz, dass jemand, der anscheinend von weit her kam, sich auch für das Fenster im Dom interessierte, das mir so gefiel. Also erklärte ich, was ich damals über das Dreihasenfenster wusste: dass es drei Hasen seien mit jeweils zwei Ohren, aber insgesamt seien es ja doch nur drei Ohren, und wenn man nur eines wegnähme, dann waren sogleich zwei Hasen unvollständig. Damit war zwar die Bedeutung noch nicht ganz geklärt, doch der mir damals noch unbekannte junge Mann nickte und lächelte. Offensichtlich ging

er in Gedanken dem kleinen Hasenohrenspielchen nach. „Ja, wirklich", sagte er dann, schaute noch ein wenig auf die Hasen und die Ohren, sah sich dann insgesamt im Innenhof um, grüßte mich noch einmal durch ein weiteres Kopfnicken und setzte schließlich seinen Weg fort. Ich weiß noch, dass ich ihm nachschaute und dachte, dass er eine sehr ruhige und angenehme Ausstrahlung habe.
Wenig später verließ auch ich den Dom und die mich umgebenden Geräusche des Marktplatzes erinnerten mich sogleich daran, wo ich wieder war, nämlich mitten in der Stadt und irgendwie mitten im Leben einer Stadt, die ich nach und nach kennen lernte.
Der Zufall wollte es, dass ich den jungen Mann an diesem Tag noch ein zweites Mal sah. Diesmal stand er an der Bushaltestelle und suchte die richtige Busverbindung heraus. Er wollte nach Marienloh fahren, fand sich aber auf dem Plan nicht ganz zurecht. Als er gerade aufsah, erblickte er mich und sagte spontan „Ah" und „So ein Zufall" und kam mit einem kleinen Lächeln auf mich zu. Ob ich ihm wohl noch einmal helfen könne? Natürlich! Die Busverbindung war schnell herausgefunden und er bedankte sich auch jetzt ganz höflich bei mir. Ich weiß noch, dass ich mich in diesem Moment wunderte, weil ich ihn bereits als Tourist eingestuft hatte, so eine Art Rucksacktourist, doch ich sah jetzt keinen Rucksack bei ihm, sondern nur eine ganz normale Einkaufstasche. Gern hätte ich ihn noch etwas gefragt, mich einfach weiter mit ihm unterhalten, doch da kam schon der Bus. Wieder grüßte er zur Verabschiedung, stieg in den Bus ein und fuhr weg.
Auch wenn es nur zwei kurze Begegnungen waren, irgendwie musste er mich doch beeindruckt haben, denn sein Gesicht und sein ganzes Wesen blieben fortan in meiner Erinnerung. Vergebens fuhr ich in den nächsten Tagen noch einige Male in die Stadt und lief zum Hasenfenster. Natürlich wusste ich, dass ich ihm dort nicht wieder begegnen würde. Er hatte das

Hasenfenster gesehen und würde nicht wieder dorthin zurückkehren. Aber wo sonst sollte ich mich aufhalten in der Hoffnung, ihm noch ein weiteres Mal zufällig zu begegnen? Wenn ich ganz am Anfang meiner Paderborner Zeit auch manchmal gedacht hatte, die Stadt sei zwar nicht klein, könne aber gern ein wenig größer sein, so dachte ich jetzt genau umgekehrt. Die Stadt war für mich zu groß, wo nur sollte ich ihn denn finden? Es kam mir vor wie die sprichwörtliche Suche nach der Stecknadel im Heuhaufen. Das heißt, anfangs war es mir gar nicht bewusst, dass ich ihn suchte. Es war mehr mein Unterbewusstsein, das ständig auf der Suche nach seinem Gesicht war. Sein Gesicht – wie sah er eigentlich noch einmal genau aus? Er trug eine Brille, daran konnte ich mich sofort erinnern, eine ziemlich dicke sogar, dunkle, halblange Haare und, naja, irgendwie ein nettes Gesicht. Nett, das war so nichtssagend, aber mehr konnte ich einfach nicht über sein Gesicht sagen und zugleich war ich mir darüber im Klaren, dass ich dieses Gesicht sofort wiedererkennen würde – wenn ich es nur sehen würde, irgendwo in dieser für mich so plötzlich zu groß gewordenen Stadt. Eigentlich wollte ich es auch gar nicht wahrhaben, dass ich ihn suchte, dass ich hoffte, ihn wieder zufällig irgendwo zu sehen, zufällig von ihm angesprochen zu werden. Warum sollte ich das hoffen, ich kannte ihn doch gar nicht! Außerdem, wenn er doch ein Tourist gewesen sein sollte, dann war er bestimmt schon lange nicht mehr in der Stadt!
Doch der Zufall kam mir tatsächlich ein weiteres Mal zu Hilfe, wenn auch erst einige Wochen später. Ich saß in der Mensa in der Universität und unterhielt mich mit einigen Kommilitoninnen, als er plötzlich mit einem Tablett in der Hand einfach an unserem Tisch vorbei Richtung Treppe lief. Ich glaubte, eine Fata Morgana zu sehen und musste sofort noch einmal hinsehen. War er das? Doch, das war er! Oder doch nicht? Meine Kommilitoninnen waren ziemlich überrascht, dass ich so

plötzlich aufstand und mein Tablett wegbrachte, mich kaum von ihnen verabschiedete und einfach so davoneilte. Zwar murmelte ich noch irgend etwas zur Verabschiedung, aber das klang wohl nicht wirklich überzeugend. Ich bemerkte, dass plötzlich meine Knie zitterten und mein Herz aufgeregt zu klopfen begann. Mit dem Tablett in der Hand lief ich wie magisch angezogen in die Richtung, in die ich ihn hatte gehen sehen, doch er war schon weg, wieder einmal. Wohin ich auch schaute, ich konnte ihn nicht mehr finden. Enttäuscht stellte ich das Tablett ab und ging in die untere Etage. Zum ersten Mal gestand ich mir in diesem Moment bewusst ein, dass ich ihn wirklich gesucht hatte. Ja, ich hatte ihn gesucht, und so schnell offenbar schon wieder verloren. Resignation machte sich in mir breit und um mir nichts anmerken zu lassen – immerhin liefen viele Bekannte in der Universität herum – stellte ich mich vor das Schwarze Brett und tat so, als würde ich die Anzeigen intensiv lesen.
Und da geschah das Wunder: Ganz plötzlich stand er neben mir, und er vergeudete keine Zeit mit irgendwelchen Höflichkeitsfloskeln. Er trat geradewegs mit seinem kleinen Lächeln auf mich zu und sagte: „Na, das ist ja eine Überraschung! Ich wusste nicht, dass du auch hier studierst!" Diese Worte waren der Anfang unserer ersten richtigen Begegnung. Ich glaube, ich bin vor Freude errötet und habe irgendetwas erwidert, weiß nun aber beim besten Willen nicht mehr was. Erinnern kann ich mich nur noch an sein stetiges Lächeln, das mich schon bei unserer ersten Begegnung unbewusst so beeindruckt hatte. Er muss wohl gemerkt haben, dass ich mich in ihn verliebt hatte, aber ich glaube, umgekehrt muss es wohl auch ganz ähnlich gewesen sein, auch wenn er dazu bis heute mit seinem kleinen Lächeln immer noch schweigt. Wir sind an diesem Nachmittag dann in die Cafete gegangen und haben alle Vorlesungen und was es sonst noch an Unwichtigem gab, einfach vergessen. Fortan haben wir uns sehr regelmäßig

gesehen und zwei Jahre später haben wir geheiratet. Mittlerweile leben wir nicht mehr in Paderborn. Vorübergehend haben wir auch im Heimatland meines Mannes, in Ecuador, gelebt, doch nun leben wir in einer Großstadt in Norddeutschland. Ab und zu jedoch fahre ich immer wieder nach Paderborn, nicht nur zur Libori-Zeit. Und dann zieht es mich – wie könnte es anders sein? - geradezu magisch in den Dom und zum Dreihasenfenster.

Andreas Osterhold

Paderborn, 1. November

Dienstag, 1. November 2038. Heute lebe ich auf den Tag genau seit 50 Jahren in Paderborn. Auf einer CD, die nun auch schon 30 Jahre alt ist, singt die „Madison Band“: „Paderborn, Paderborn – meine Stadt ich liebe dich.“ Ist es noch Liebe? War es je Liebe? Na ja, wir haben uns in 50 Jahren aneinander gewöhnt.

Der Anfang war nicht leicht. 1988 kam ich an einem grauen Allerheiligentag nach Paderborn. Ich hatte ein Zimmer in einem Bauernhof am Goldgrund. Man kann sich bei der heutigen Bebauung dort gar nicht mehr vorstellen, dass man dort mal außerhalb gewohnt hat und dort ein Bauernhof stand. Am nächsten Tag war mein erster Arbeitstag bei der Nixdorf Computer AG. Die gab es damals noch. Die Gebäude von damals stehen heute noch am Heinz-Nixdorf-Ring, aber die meisten sind leer und der Wind pfeift durch kaputte Fensterscheiben. Ja, die große Wirtschaftskrise Ende der 2020er-Jahre hat viele der damals noch ansässigen Betriebe – hauptsächlich die der IT-Branche - in den Ruin getrieben. „Zeigst vor Fremden keine

Scheu", singt die „Madison Band" gerade. Auch das war vor 50 Jahren noch anders. Wer als Fremder kam, blieb ein Fremder. Erst als sich mit Beginn des Jahrtausends die Universität mehr und mehr erweiterte und Studierende aus ganz Deutschland und auch aus dem Ausland nach Paderborn kamen, änderte sich das und die Stadt zeigte tatsächlich vor Fremden keine Scheu mehr. Ab 1990 war die Universität mein Arbeitsplatz – im Vergleich zu heute noch bescheiden sowohl von der Größe als auch von der Anzahl der Studierenden. Heute liegt die Universität wie eine eigene Stadt im Süden von Paderborn und hat weltweit ein gutes Renommee. Der seit der Gründung stetige Aufstieg geht auch heute noch weiter. Heute muss Paderborn sich nicht mehr hinter Städten wie Münster oder Köln verstecken. Seit Jahren liegt die Zahl der Studierenden bei 25.000, und diese machen die Universität heute zum größten Arbeitgeber der Stadt.
Beruflich ging es für mich weiter ins Benhauser Feld. So um das Jahr 2000 war dort eine Ansammlung vieler kleiner und mittelständischer Unternehmen. Heute ist hier hauptsächlich der zweite große Paderborner Industriezweig angesiedelt, die regenerativen Energien. Nachdem bereits in den 2010er-Jahren insbesondere in Richtung Bad Driburg die Zahl der Windräder stetig stieg, siedelte sich ab 2016 auch die notwendige Industrie hier an. Nach und nach wurde das ganze Industriegebiet ein Schwerpunkt für umweltfreundliche Energiegewinnung. Was hat sich noch geändert in den letzten 50 Jahren? Nachdem 2018 der letzte britische Soldat Paderborn verlassen hatte, bekam Paderborn in der freien Kaserne an der Driburger Straße eine Außenstelle des neuen Bundesenergie-Ministeriums. Paderborn wurde dann ab 2025 die erste Stadt, in der keine Verbrennungsmotoren innerhalb der Innenstadt benutzt werden durften. Erste Elektrobusse gab es ja schon seit 2020, aber nach und nach wurde die Stadt dann auch für Radfahrer zu einem Paradies. Im Zuge dieser Veränderungen

wurde dann endlich auch der Betonklotz am Königsplatz entfernt, und an dieser Stelle wurde eine riesige Grünanlage als Verlängerung des Paderquellgebietes angelegt. Bereits 2018 hatte Paderborn in Anbetracht der Überalterung der Bevölkerung an Stelle der ehemaligen Stadtverwaltung (verlegt im Jahr 2016 in die Kaserne an der Elsener Straße) zentral ein großes Seniorenwohnheim angelegt. Dies ist nun zusammen mit der neuen Grünanlage ein Musterbeispiel für gelungene Stadtplanung in ganz Deutschland.

Und sportlich? Nachdem der SC Paderborn 2021 in die Bundesliga aufgestiegen war, war das noch junge Stadion an der Elsener Straße nicht mehr zu halten. Es wurde nun doch noch ein neues Stadion in Mönkeloh gebaut. Auch die anderen Sportvereine freuten sich, da direkt neben dem Stadion noch eine neue Sporthalle entstand. Nach dem Abstieg der Paderborner 2023 – heute haben sie einen guten Mittelplatz in der Regionalliga – wurden die Anlagen insbesondere für kulturelle Veranstaltungen genutzt. Und wenn die Basketballer in der Europaliga spielen, weichen sie schon mal in das überdachte Stadion aus.

Die „Madison Band" nähert sich dem Ende: „Einmal Freunde, dann für immer". Das kann ich unterschreiben. 50 Jahre Freundschaft verbinden mich mit der Stadt, keine Liebe. Liebe verbindet mich nur mit der Frau an meiner Seite, und das ist das schönste Geschenk, was ich von Paderborn bekommen habe. Und da kann ich dann doch noch einstimmen: „Hab mein Herz an Dich verloren". Und so blicken wir aus unserer Seniorenwohnung auf das Paderquellgebiet. Es ist ein grauer Allerheiligentag wie vor 50 Jahren. Die Menschen haben trotz Klimaveränderung schon warme Kleidung an und es riecht nach Schnee. Und wir warten auf weitere Jahre mit spannenden Entwicklungen in der Stadt an der Pader.

Ester Johanna Penner

Die Herausforderung

Der Klang der majestätischen Glocken drang grell und bedrohlich von dem alten Glockenturm der Kirche zu ihr herab. Die sonst so sanften, warmen Klänge drückten ihre Gedanken heute nur noch tiefer in sie hinein. Sie wollte schreien, weinen, wegrennen, aber sie konnte es nicht. Die Tränen erstickten alles in ihr und konnten nicht verbergen, dass sie innerlich zerrissen war. Warum?! Warum musste das passieren? Sie hielt inne, als sie nach einer gefühlten Ewigkeit des Umherirrens das große Gebäude vor sich sah. Mit seinen dichten Fenstern, den seichten Farben, dem freundlichen Foyer schien es sie förmlich auszulachen. Sie musste sich zusammenreißen, musste stark sein, vor allem jetzt.
Vorsichtig betrat sie die Eingangshalle des St. Vincenz-Krankenhauses. Sie bemerkte weder die Schwestern, die durch die Flure eilten, noch die anderen Patienten und ihre Besucher, als sie sich zum Zimmer 204 begab. Ihre kleinen Füße, die in abgetragenen Ballerinas steckten, wollten sie nicht mehr tragen. Nicht noch einen Schritt. Nicht in das Zimmer. Mit zitternder Hand drückte sie langsam die Türklinke nach unten und öffnete die Tür, die sie von dem Leid getrennt hatte. Als sie in das Krankenzimmer hineinspähte sah sie eine Gestalt auf dem Bett, die sich farblich kaum von der weißen Bettwäsche abhob und auch keine Reaktion zeigte, als sie sich neben sie setzte. Emily, die einzige Familie, die ihr noch geblieben war, ihre Cousine, die ihr Vater und Mutter, Bruder und Schwester gewesen war, die sie durch ihr ganzes Leben getragen hatte. Und nun lag sie da. Scheinbar leblos, kalt.
Sie nahm Emilys Hand und als diese im selben Moment ihre Augen aufschlug, durchströmte sie ein Gefühl der Dankbarkeit, der Liebe und der Zuneigung für diese Frau. Sie lächelte

schwach, aber sie lächelte, versuchte ihr, Joana, selbst jetzt ein Sonnenstrahl zu sein, der durch jede Wolkendecke, wie dick sie auch sein mochte, dringen konnte. Das Schweigen, das den Raum erfüllte, ließ jede der beiden Frauen genau wissen, was im Kopf ihrer Freundin vor sich ging. Sie beide waren besorgt um den anderen, besorgt darum, was passieren würde; aber was es auch war, sie würden da gemeinsam hindurchgehen, Hand in Hand, wie immer, wie jetzt in diesem Moment. Emily schloss ihre Augen wieder – und Joana? Joana blieb bei ihr, tat es ihr gleich, ließ ihre Gedanken schweifen. Sie sah sich zurückgeworfen in all die schönen Momente, Erinnerungen, die wertvollen Augenblicke, die, je mehr Zeit verging, immer mehr an Bedeutung gewannen.

Und an einem Gedanken blieb sie hängen: Es war wahrscheinlich der verregnetste Tag in der Geschichte Paderborns gewesen. Sie hatten für den achten August ein Picknick auf der Wiese nahe der Universität geplant gehabt, weil sie zu gerne an die gemeinsame Unizeit voller schlafloser Nächte, Büffeln und noch mehr gefüllt mit Freude und Spaß zurückdachten. Aber ausgerechnet an diesem achten August begann es einfach aus heiterem Himmel in gigantischen Wasserfällen zu regnen! Na gut, ganz so heiter war der Himmel gar nicht gewesen, trotzdem hatten sie gehofft, dass sich das Wetter doch zu ihren Gunsten ändern würde. Aber das tat es nicht. Joana hatte sich lange auf dieses Picknick gefreut, weil Emily aus ihrem dreiwöchigen Urlaub zurückgekommen war und sie sich viel zu erzählen hatten und jetzt das? Emily hatte Joanas Enttäuschung schon beim ersten Regentropfen bemerkt und anstatt die Sachen zu packen und schnellstmöglich wieder nach Hause zu fahren, warf sie ihre Jacke auf die Picknickdecke und legte sich auf das grüne Gras, das nun mehr und mehr vom Regen getränkt wurde. Als sie dann auch noch begann sich den kleinen Hügel hinunterzurollen und zu schreien hatte Joana nicht anders gekonnt als es ihr gleich zu tun. Und so

hatten sie dann völlig durchnässt, aber glücklich dagelegen und den Tropfen beim Fallen zugesehen. „Wenn man die Regentropfen an einem gehofft sonnigen Tag sieht könnte man verzweifeln, nicht wahr?" ‚hatte Emily damals laut gedacht, „Versuch sie als Geschenk zu sehen, als eine Chance, eine Herausforderung aus ihnen etwas Wundervolles, Schönes, Unvergessliches zu machen. Manchmal ist das schwer und manchmal scheint man am Ende seiner Kreativität, aber wenn man es dann geschafft hat – und das wird man – dann blickt man voller Dankbarkeit zurück."
An diesem Abend hatten sie noch lange am warmen Kamin bei Pfefferminztee mit Honig und selbst gebackenen Cookies gesessen, ihre nassen und kalten Glieder gewärmt und geredet. Wie dankbar sie an diesem Abend wieder für ihre beste Freundin gewesen war ... Hier saß sie nun mit ihrer vom Krebs gezeichneten Sonne. Aber sie würden es schaffen, würden diese Herausforderung annehmen und bewältigen, dessen war sie sich sicher. Und ja, sie sollte darin recht behalten.

Angelika Peplinski

Wie Anfänge das Leben verändern

Auch wenn wir es manchmal gar nicht wahrnehmen, irgendwann hat alles einmal seinen Anfang genommen. Alles im Leben hat seinen Startpunkt. Manchmal ist es der Anfang von etwas sehr Großem und Besonderem, was wir uns vorher gar nicht ausmalen konnten und was wir erst dann wirklich realisieren, wenn wir schon mitten drinstecken. Meistens liegt es aber an uns, einen Anfang zu finden durch Entscheidungen, die wir treffen, durch Ziele die wir uns setzen. Allerdings ist es oftmals viel zu schwer einen guten Anfang zu finden, denn wir sind überladen von verschiedenen Chancen, die sich uns bieten, wir haben die Wahl zwischen so vielen Abzweigungen. Unser Leben ist ein Chaos, ein Chaos voll mit Möglichkeiten.
Heute im Jahre 2034, blicke ich auf mein Leben zurück und kann voller Freude sagen, dass meine Geschichte in der Stadt Paderborn ihren Anfang hat. Dort hat alles seinen Lauf genommen. Wer mich schon aus den frühen Kindertagen kennt, hätte vielleicht ... nein mit Sicherheit, niemals gedacht, dass mein Leben heute so aussehen würde. Ich kann es auch niemanden verübeln, denn meine Geschichte ist zu Anfang alles andere als spannend.
Ich bin in einer gut behüteten Familie in einer gut behüteten Stadt aufgewachsen, früher hätte man mich als das nette Mädchen von nebenan beschrieben, wo man vielleicht auch gar nicht so falsch lag. Ich war sehr zurückhaltend und es war mir immer viel zu wichtig was die anderen von mir dachten. Nie habe ich mich getraut den Mund aufzumachen, obwohl ich eigentlich so viel zu sagen hatte. Nie habe ich mich getraut meine Meinung zu äußern, obwohl ich so viele Ideen hatte. Ich hatte einfach zu viel Angst. Angst davor zurückgewiesen

zu werden, Angst davor verspottet zu werden und vor allem Angst davor am Ende alleine dazustehen. Und gerade damit gab ich wohl die perfekte Zielscheibe ab, denn mit all diesen Ängsten wurde ich in der Schulzeit konfrontiert. Natürlich fühlte ich mich damals sehr gekränkt und verletzt, aber ich habe mich niemals unterkriegen lassen, ich habe niemals aufgegeben. Selbst wenn ich hingefallen bin und man mich noch getreten hat, bin ich immer wieder aufgestanden und habe weiter gekämpft. Es gibt keinen Grund mich zu bemitleiden, denn ich glaube, dass das alles Schicksal, ein glücklicher Zufall oder wie auch immer die es Leute nennen mögen, war. Denn wäre ich damals nicht in Paderborn aufgewachsen und hätte man mich nicht mit meinen Ängsten konfrontiert, hätte ich auch nie mit dem Schreiben angefangen. Ich war und bin nun einmal keine große Rednerin. Meine Gedanken, die Dinge die mich beschäftigen und die Dinge, die ich mich nicht traue zu sagen, schreibe ich immer auf. Daraus hat sich dann eine große Leidenschaft entwickelt, die bis heute mein Leben bestimmt. Irgendwann habe ich dann gelernt offener zu sein und irgendwann habe ich mich dann getraut meine Texte zu veröffentlichen. Tja und gute 20 Jahre später hielt ich dann mein erstes selbst verfasstes Buch in den Händen. Heute lebe ich glücklich verheiratet mit meinem Mann und meinem Kind in England und verdiene als bekannte Schriftstellerin mein Geld. Damit hätte wohl niemand zuvor gerechnet, noch nicht einmal ich selbst. Aber das ist nun einmal der Lauf der Dinge. Jede Kleinigkeit kann dein Leben verändern, so auch eine einzige Stadt.

Ich wurde einmal bemitleidet weil ich aus Paderborn komme, denn „da ist ja auch nichts los" und auch wenn diese Person vielleicht ein wenig Recht hat, liegt sie gleichzeitig komplett falsch. Denn man muss sich einfach bewusst machen, wie viel hier schon erlebt wurde. Jeder der in Paderborn wohnt oder dort auch nur kurz war, hat seine eigene Paderborner Stadtgeschichte. Für manche ist sie eher unwichtig, aber für viele wiederum, wie auch für mich, ist sie von großer Bedeutung, denn in dieser Stadt hat sich der entscheidendste Teil unseres Lebens abgespielt und hat uns letzten Endes zu dem gemacht was wir heute sind. Ich bin für jede Einzelheit die passiert ist dankbar, auch oder vor allem für die schweren Zeiten, denn erst wenn wir diese überwinden, erkennen wir, wie viel Stärke in uns steckt und was wir alles erreichen können. Sehe ich zurück, werde ich immer ein Lächeln auf meinen Lippen tragen: Ein Lächeln für die schönen Erinnerungen. Ein Lächeln dafür, dass auch die schwersten Zeiten mal ein Ende finden. Aber hauptsächlich ein Lächeln für die wundervollen und einmaligen Momente, welche ich mit ganz besonderen Menschen in einer für mich besonderen Stadt erleben durfte.

Charlotte Prang

Paderborn – eine persönliche Stadtgeschichte

Dat ene sek ik di, mit die Paddaboana wirste de nie nich warm! – So verabschiedete mich ein einfühlsamer Zeitgenosse an meinem letzten Arbeitstag in Hamburg. Mit dieser Äußerung im Gepäck, machte ich mich auf in die Stadt, die nur wenige kannten und die auf der Landkarte nur schwer zu finden war. Vereinzelnt wurde ich mit klugen Ratschlägen, umfassenden Informationen und knallharten Fakten über eine „rabenschwarze" Stadt konfrontiert, die bei mir ein mulmiges Gefühl aber auch Neugierde auslösten. So schlenderte ich ein paar Tage später gedankenverloren durch die Westernstraße. Es regnete nicht und auch die Glocken der Kirchen schwiegen, ganz gegen jede Erwartung. Die Sonne eines Altweibersommertages wärmte mein wehes Gemüt. Ich betrachtete die Menschen eingehend – der Tratsch fiel auf fruchtbaren Boden. „Was soll der Quatsch“, brachte ich mich zur Räson, raffte mich auf und folgte dem weisen Rat einer alten Nonne: „Erkunde deine Stadt mit den Füßen, dann wirst du alles über sie erfahren und du lernst ihre Menschen kennen.“ Mit dem Fremdenführer in der Hand, saß ich nach einem ausgiebigen Stadtrundgang ermattet in einem Cafe über dem Paderquellgebiet und hörte ihre Worte: „Außerdem kannst du die abwechslungsreiche Historie mit der Zukunft verknüpfen und in einem konstruktiven Dialog wird deine Aufmerksamkeit auf die Gegenwart gelenkt und in diesem Bewusstsein kann Neues wachsen. So wirst du heimisch – findest Freunde und weißt deine Heimat zu schätzen.“

Mit vielen neuen Eindrücken, nahm ich nach einigen Tagen bereits meine Arbeit in einer Kita auf. Ich freute mich auf die Kinder. Die sechsjährige Daniela ließ mich von Anfang an nicht aus den Augen, beobachtete mich aufmerksam und wich nicht mehr von meiner Seite. Sie begann zu erzählen, dabei schien sie sorgfältig ihre Worte zu wählen: „Wir waren gestern auf´e Oma, aber zuerst mussten wir nach Aldi – einkaufen.“ Ich starrte sie entsetzt an. Sie plauderte jedoch arglos drauflos und mein Mitleid wuchs. „Arme Daniela, mit so einem katastrophalen Deutsch wird sie es schwer haben in der Schule.“ Sie hopste fröhlich neben mir her und quasselte unbekümmert weiter. Ein paar Tage später suchte ihre Mutter das Gespräch: „Unser Daniela hat sie in ihr Herz jeschlossen“, erklärte sie mir in einem Gemisch aus Paddabörnsch und Hochdeutsch, doch die Worte waren Balsam auf meine Seele. Dieser kleine, gute Geist mit seiner Fürsorge und ich in meiner Besorgnis waren der Beginn einer einzigartigen Freundschaft. Sie vermittelte mir feine Details über Paderborn und seine Bewohner, übersetzte mir aus dem Paddabörnschen und ich half ihr auf dem Weg in die Schule. So hatte ich mich in Begleitung eines kleinen Mädchens mit Paderborn vertraut gemacht, die Krankenhäusern hatte ich allerdings ausgespart, was sich bald rächen sollte. Die Sanitäter versorgten mich medizinisch wie psychisch und kanalisierten meine Aufregung: „Sie wohnen noch nicht lange in Paddaboan?“ „Ja.“ „Wo kommen se denn wech“, hörte ich wie durch Watte die Frage. „Ach, ´ne Hamburger Deern“, reagierte der junge Mann lachend und packte mich entschlossen auf die Trage. „Legen wir se auf´e Brüder?“, stand die Frage im Raum. „Auf´e Brüder?“, wiederholte ich verständnislos und starrte in ein spitzbübisches Gesicht, während ich mich im Geiste schon auf irgend welchen dicken Männern liegen sah. Nach einer kurzen Rückfrage bei „den Brüdern“ sollte ich „auf`e Nonnen“ liegen. „Wie man mich dort wohl betten würde?“, fragte ich mich ein wenig besorgt. „Is se evanchelisch?“, prasselte die nächste Frage auf mich herab. „Das spricht der ja aus, als hätte ich die Pest“, dachte ich und dämmerte davon. „Auf`e Nonnen“ wurde ich überaus freundlich begrüßt – zu meiner Verblüffung – von einer alten Ordensfrau. „Wieder eine Nonne, die mir in meiner Bedrängnis mit ihrer Ruhe und Kraft beistand“, dachte ich. „Na, Meedchen“, begrüßte sie mich und strich mir aufmunternd über den Kopf. Nachdem alle Erfordernisse erledigt waren, blieb sie für diesem Tag und während der nächsten Wochen der gute Geist an meiner Seite. Diese bemerkenswerte Paderborner Ordensfrau entließ mich mit Gottes Segen und den Worten: „Es sind immer die Begegnungen mit Menschen, die dem Leben einen Sinn geben.“ Den Inhalt ihrer Worte begriff ich erst viel später.

Nach fünf Monaten wurde eine Paderbornerin und fünf Jahre später ein weiteres „Paddaboana Meedchen“ geboren. „Sind diese beiden nun echte Paddaboana?“, fragte ich daraufhin ein Paderborner Urgestein. „Man wird nie´n echt´n Paddaboana`“, machte er mir unmissverständlich klar. Doch es waren gerade diese sturen, „schwarzen“, verschlossenen, steifen

„Echten", mit denen ich „warm" wurde, die meinem Leben bereicherten, die mein Denken und Handeln beeinflussten, die mir tief verbunden sind und nicht „ösig" werden oder die „Krätze" kriegen, wenn ich wieder einmal Paderborn mit falscher Betonung ausspreche. „Und nun Paddaboan – werden wir auch noch miteinander alt."

Paola Reinhardt

Leb wohl, Jonathan

Sie war nicht eigentlich schön zu nennen, aber wo immer Julia auftauchte, stiftete sie Unruhe in meinem Leben. Ich erinnere mich noch genau an die Art, wie sie mich in der Straßenbahn ansah, morgens um halb acht, wenn wir von Elsen zum Gymnasium nach Paderborn fuhren. Ihre Augen waren so blau wie die Vergissmeinnicht in unserem Garten und ihre Zöpfe und Wimpern lang und tiefschwarz.

Meist stand sie vorn neben dem Straßenbahnführer und wirkte so zart, so zerbrechlich, wie sie sich fest an die Eisenstange klammerte, während die Elektrische durch die Schienen schlingerte. Mir war dann immer zumute, als müsse ich hingehen, meinen Arm um sie legen, sie festhalten, sie stützen. Nie stimmte sie in das widerliche Gegacker ihrer Mitschülerinnen ein. Nein, sie lachte wie ein vernünftiger Mensch lacht. Julia war schon ein ungewöhnliches Mädchen! Wie ein Schmetterling, mühelos, leichtfüßig bewegte sie sich und ich hatte Mühe, ihr mit den Augen zu folgen, sobald sie das Trittbrett der Straßenbahn verließ. Zu spät begriff ich, dass sich ihre Blicke nur bei mir ausruhten, und dass sie nichts zu bedeuten hatten. Jedenfalls nicht das, was ich mir eingebildet hatte. Eines Morgens war es vorbei, und sie sah durch mich hindurch, als existiere ich nicht, sei nur eine Fensterscheibe, hinter der sie ihr Ziel erspähen konnte. Ihre Blicke ruhten verträumt auf Jonathan, sobald er neben mir stand. Ihre Stirn runzelte sich, sobald mein breiter Rücken Jonathan verdeckte. Ich hätte ihn erdolchen können! Warum ausgerechnet Jonathan?

Sie, nur immer wieder sie war der Grund meiner Zerstreutheit, meiner Faulheit, Nachlässigkeit und der schlechten Zensuren kurz vor dem Abitur. Natürlich fiel ich durch. In meinem Kopf war kein Platz für chemische Formeln, auch für Cäsar nicht und nicht für Goethe. Von meinem Zimmer aus konnte ich über Felder sehen: Roggen, Weizen, Gerste, Hafer und zwischendurch führte ein Weg, lang und schmal bis hin zur untergehenden Sonne. So jedenfalls hat sich der Blick bei mir eingeprägt. Unauslöschlich! Wogenden Felder und zwei Menschen, die langsam kleiner wurden, die verschwanden. Nichts gaben diese wogenden Felder preis! Sie verwehrten jeden Blick, und ich war allein mit meiner Verliebtheit, meiner Traurigkeit, meinem Hass. „ ... und führe uns nicht in Versuchung, sondern erlöse uns von dem Übel, Amen." Die Stimme des Pfarrers schreckte mich aus meinen Gedanken, holte mich zurück an das geöffnete Grab vor mir, an Jonathans Grab. „Amen." Lange habe ich damals dort am Fenster gestanden, die Nägel abgekaut, ihn verwünscht, mir vorgestellt, was sie wohl tun würden. Ich sah Julias Gesicht vor mir, braun gebrannte Haut und strahlendes Vergissmeinnicht. Die Sonne war inzwischen blutrot untergegangen, der Himmel dunkelblau geworden, tiefdunkelblau. Da sah ich wie zwei Menschen sich langsam auf unser Haus zubewegten. Die Hände ineinander verschlungen, dann plötzlich lösend und wie ertappt um sich sehend. Für mich stumm, gingen sie auseinander. „Paul, he Paul, schläfst du schon?", rief etwas später eine Stimme unter meinem Fenster. „Paul!" Ich drückte meinen Kopf tief in das Kissen und heulte ohnmäch-

tig los vor Wut. Jonathan, verflixter Jonathan! Da rief doch dieser Jonathan nach mir!
„... Herr, lass den lieben Verstorbenen ruhen in Frieden und gib ihm die ewige Ruhe. Amen."
„Amen", betete die Trauergemeinde auf dem Westfriedhof in Paderborn. „Amen", betete auch ich. Ich wollte immer Arzt werden, solange ich denken kann. Und ich bin es geworden, trotz des wiederholten Abiturs und der zeitweiligen Leere in meinem Kopf. Es war an einem schwülen, gewittrigen Sommermittag, als Julia ohnmächtig in der Straßenbahn hinfiel. Natürlich wusste ich sofort warum. Ihr Blick suchte Jonathan, während sie sich von einer Freundin gestützt auf einen schnell freigemachten Sitzplatz kauerte. Doch Jonathan spielte Karten. Er spielte dauernd Karten, in der Pause, im Schwimmbad, in der Eisdiele, in der Straßenbahn. Nichts hatte er von all dem mitbekommen, nicht einmal hochgesehen. „Los zeig mir dein As, ich will es sehen!", beschimpfte er stattdessen seinen Nebenmann mit hochrotem Kopf und diesem widerlichen besessenen Blick, den er immer hatte, wenn er Karten spielte. Ich hasse Karten.
Von nun an ließ ich Julia keine Sekunde mehr aus den Augen, sobald sie bei morgens oder mittags in die Straßenbahn einstieg. Sie war noch immer blass und zerbrechlich, aber sie stand nicht mehr auf dem gewohnten Platz neben dem Straßenbahnführer. Nein, sie steuerte sofort auf einen freien Sitzplatz zu, oder klammerte sich fest an die Lehne einer Bank, wenn keiner mehr frei war. Für mich stand fest, dass sie schwanger war. Schwangeren wird es besonders in den ersten Monaten übel, hatte ich irgendwo gelesen.
„He Paul", sagte eines Morgens Jonathan während des Deutschunterrichts zu mir und schreckte mich aus meinen Gedanken. „Du, ich war gestern mit Rita im Kino. Ein tolles Mädchen, sag ich dir! Schon Unterprima am Pelizaeus. Ich habe ein Foto von ihr, willst du es mal sehen?" „Du bist verrückt,

Jonathan!“ Meine Stimme war plötzlich laut geworden. Und meine Hände pressten sich ganz fest in den Hosentaschen zusammen, damit sie nicht zuschlugen in dieses blöde, grinsende Gesicht neben mir auf der Bank. „Was ist denn in dich gefahren, Paul!“, maulte Jonathan. Die anderen lachten über unseren Streit. Bis zum Ende der Stunde hatte ich mich halbwegs wieder beruhigt. „Du, Jonathan“, flüsterte ich, „warum warst du nicht mit Julia in dem Film?“ „Julia, wieso Julia?“ Er tat erstaunt. Doch dann grinste er plötzlich. „Sag mal, warst du deshalb vorhin so sauer auf mich? Bist wohl scharf auf sie, was? Kannst sie haben! Sie ist nämlich genauso beschissen sentimental wie du.“ Mir blieb die Spucke weg. In mir war nichts als Wut!
In der nächsten Stunde wurden die Englischhefte ausgeteilt. „Please translate it“, sagte unser Lehrer und verteilte den vorgedruckten Text. Ich saß nur da und starrte Löcher in die Wand. Starrte vor mich hin, rannte raus und musste mich übergeben. Herr Gödde schickte mich nach Haus, und ich verkroch mich daheim im Bett. Mutter gab mir Tabletten, kochte Tee, und um ein Haar hätte sie mir sogar warme Kompressen auf den Bauch gelegt.
„Lasset uns beten, für denjenigen aus unserer Mitte, der dem lieben Verstorbenen als Nächster folgen wird: Vater unser ...“
Die Stimme des Pfarrers klang laut und deutlich und holte mich zurück aus meiner Erinnerung. Es hatte inzwischen angefangen zu schneien. Die Luft war klar und eisigkalt. Ich wusste nicht so recht, wohin mit dem schwarzen Hut in meinen Händen - und die Blaskapelle der Paderborner Feuerwehr spielt noch immer. Plötzlich verdrängte die Sonne die grauen Wolken. Sie schien auf Kränze und Blumen, auf kahle Äste und schwarz gekleidete Menschen, die hier auf dem Westfriedhof Abschied von Jonathan nahmen. „Jonathan Voss war ein aufrechter Mann“, sagte der Pfarrer gerade. „Ein Mann, den wir alle geliebt und geschätzt haben. Gott hat ihn viel zu früh aus

unserer Mitte genommen. Lasset uns beten: Herr, vergib uns unsere Schuld, und führe uns nicht in Versuchung, sondern erlöse uns von dem Bösen. Amen!"

„Amen!" Plötzlich spürte ich Julias Hand in der meinen und wusste sofort, woran sie dachte. Ihre Augen waren noch immer so blau wie die Vergissmeinnicht in unserem Garten. Doch ihre Haare trug sie längst nicht mehr zu Zöpfen geflochten, sondern streng zurückgekämmt und elegant zu einem Knoten verschlungen. „Leb wohl, Jonathan, mein Freund Jonathan! Verzeih mir, Jonathan!"

Denn natürlich hat Julia damals kein Baby bekommen, damals in jenem schrecklichen Sommer. Ihre Schwangerschaft hat nur in meiner Fantasie existiert, in meiner Verblendung, meiner blinden Eifersucht, meiner Sorge um Julia.

Maria E. Römhild

Ein Hut ist nicht nur ein Hut

Das Hutgeschäft liegt im Schildern. Die sommerlichen Gebilde in den Schaufenstern sind bunt wie englische Toffees. Traue mich nicht hinein. Ich mustere die Frauen, die an kleinen Tischen auf dem Domplatz vor ihren Eisbechern sitzen, andere, die an ihrer Cola nippen. Niemand trägt Hut, auch nicht die aus Stroh, die sich nackt in den seitlichen Auslagen sonnen. Ein Hut ist ein alter Zopf. Ich versinke im Mintgrünen mit dem Kuss aus Tüll. Aufregend der Silbergraue, eine kühle Tarnkappe aus Eisregen. Der Aprikosige gefällt mir. Der sieht zärtlich aus. Verschmust. Ich zögere, blicke hinüber zum gäbelnden Kaffeekränzchen. Frisur mit Farbe ist angesagt. Der schräge Türgriff. Die Glocke wie in einem Teegeschäft. Es duf-

tet nach Chanel und Magnolien. Leichte Vitrinen mit Tüchern und Täschchen. Die Stille rekelt sich elegant in gestreiften Sesselchen. Im Spiegel blitzt mein erschrockenes Gesicht mit der neuen Gleitsichtbrille auf. Ich weiß nicht, wohin mit meinen Augen und mit mir selbst. „Jetzt bin ich für Sie da!", höre ich die Verkaufsdame und ihre Lippen glänzen perlmuttern. Gibt es einen Anlass, zu dem Sie Hut tragen möchten?". „Eine Hochzeit vielleicht oder einen Empfang?". „Ja, sage ich weich, die Hochzeit von Katinka und Klaus. Ich bin die Brautmutter. Ich suche einen Hut, der mein wahres Gesicht zeigt und mich in ein warmes Licht taucht". Die Verkaufsdame schüttelt apart ihren Pagenkopf. „Versuchen wir es mit diesem Modell." Ein reichliches Hütchen grinst mir entgegen. Türkisfarben. Die Verkaufsdame nennt es kühles Blau. Ich habe das Gefühl einer akuten Gesichtslähmung.
Modefarbe Türkis und alle Mädchen kehrten nach den Sommerferien mit einem türkisfarbenen Kleid ins Internat zurück. Zwischen Blau und Grün. Mein Kleid hatte einen Bubikragen und einen Glockenrock. Darunter bauschte sich ein rosa Petticoat. Aber Inges Kleid mit Lackledergürtelchen wippte fescher. Die Farbe lockte verführerischer. Wie das Wasser im Gardasee. Ich beneidete Inge. Petticoat hin oder her. Die Verkaufsdame nimmt mir behutsam das Gardaseewasser vom Kopf. Es tropft, und ich tupfe mir die Stirn. Sie stöckelt zu einem sportlichen Modell. Mokkabraun. „Ein wenig schräg aufgesetzt. Wie für Sie gemacht." Sie tritt einen Schritt zurück.
Damals hatte der Spiegel blinde Flecken. Ich stand auf Zehenspitzen und sah nur den Hut in Moccabraun. Der Rand verlief seitlich hoch und schiffchenartig in die Stirn. Links am Hutband war eine Fasanenfeder in einen versilberten Kiel eingelassen. Neben mir stand Frau Thiele. Etepetete. „Hat das Kind nicht ein Hutgesicht? Schauen Sie, gnädige Frau, mit dieser Kreation werden Sie bei jeder Jagdeinladung die Blicke auf sich ziehen." Tante Anna Josefa setzte sich den Mokkabraunen

auf die gewellten Haare. Sie suchte keinen Hut für eine Jagdgesellschaft. Sie hatte andere Klüngeleien. In ihrem Kegelclub, da war sie wer. Da repräsentierte sie die dörfliche Oberschicht. Kegeln war modern, war das Gesellschaftsspiel. Ich war stolz. Das Hutgesicht für Tante Anna Josefa. Damals trug jede Frau Hut. Immer. Im Garten die Schlapphüte, im Feld die Strohhüte, in der Kirche die Glockenhüte. Bei Regen mit einer Plastikhaube darüber. Da blieben die Hände frei für die Handtasche und den Arm des Gatten. Die Hüte stapelten sich in weißen Hutschachteln auf dem Kleiderschrank. Daneben lagerte ein grüner Karton, der nur vor Beerdigungen gelüftet wurde. Darin ruhte sanft auf vergilbtem Seidenpapier ein Zylinder. Er wurde mit einem Ruck entfaltet und gebürstet bis er ohne Stäubchen tiefschwarz glänzte. Neben dem Zylinder lagen ein Paar neue weiße Handschuhe. Wir Kinder warteten mit großer Spannung auf den Trick mit den weißen Tauben. „Die bleiben heute im Schlag", antwortete der Zauberer ausweichend und schickte seine Zuschauer zum Spielen. Der Hut damals war moccabraun wie der, von dem ich mich gerade verabschiede. „Der macht mich uralt", sage ich und stelle mir die quirligen Augen von Tante Anna Josef in diesem Hutgeschäft vor. „Was hat Dein Hutgesicht gegen den Moccabraunen?".
Die Verkaufsdame seufzt. Ich drehe mich locker vor dem Spiegel. Ein Hut ist nicht nur ein Hut. Er führt ein Eigenleben. Mal verändert er, mal passt er sich an. Aber nicht nur Hüte haben ihre Launen. Ich entscheide spontan aus dem Bauch heraus. „Bitte den Aprikosigen aus dem Schaufenster." Die Verkaufsdame beugt sich vornüber zum Aprikosigen. Sie streichelt über seine Wölbung wie über einen Babykopf, glättet die Seidenbänder und schwingt ihn raffiniert ein letztes Mal. Ihre Hände mit dem Geäst aus Adern drapieren den Auserwählten auf meinen Kopf. Ich blühe auf. Südlich warm wird es mir unter meinem Aprikosenbäumchen. Das trägt fünf süße Früchte mit Schalen wie weiche Fellchen. Mein Gesicht leuchtet ap-

rikosig vor Glück. Draußen schwebe ich mit der runden Hutschachtel direkt auf Gregor zu. Der kommt mit einer Kartenrolle aus dem Schreibwarengeschäft am Dom. Gregor kommt immer aus dem Schreibwarengeschäft. Oder dem Fotoladen. Oder der Post. „Du lächelst so“, sagt er. Und legt mir die Hand um die Schulter.

Anne Seibel

Jung und Schön

Wer kannte sie nicht, die beiden Schwestern aus der Nordstraße? Man sah sie nur im „Zweierpack“ spazieren gehen. Die Kleinere stets ganz dunkel gekleidet, die Größere sehr auffällig mit einem Mantel in Lila oder Weiß. Unter dem großen bunt geschmückten Hut konnte man zwei rotgefärbte „Apfelbäckchen“ sehen. Die weißen Handschuhe und ein Stockschirm fehlten nie. Wenn wir Kinder die beiden „Unikate“ sahen, sangen wir: „Jung und Schön, Schminke, Puder und Parfüm, bleibt nur ewig jung und schön!“
Einmal war ich ganz alleine draußen vor dem Haus. Als ich die zwei sah, wagte ich einen Sologesang: „Jung und Schön, Schminke, Puder und Parfüm, bleibt nur ewig jung und schön!“ Plötzlich liefen die Schwestern in meine Richtung. Zum Glück war ich schneller, und nach dem Schellen öffnete sich auch sofort die Haustür. Ich war gerettet und lief die Treppenstufen hoch. Unsere Thea, Mutters Hilfe, versteckte mich schnell unter Papas Schreibtisch.
Kurze Zeit später schellte es schon, und nachdem Thea die Haustür geöffnet hatte, standen „Jung und Schön“ in unserem Hausflur und fragten: „Ist hier eben ein kleines Mädchen

ins Haus gelaufen?" Thea hatte natürlich kein kleines Mädchen gesehen, und die Beiden verließen unverrichteter Dinge das Haus. Mir fiel ein Stein vom Herzen.

Hermann Simon

Holzschuh-Paradies

Kinder bewohnen ein fremdes Land, und dieses Land ist mitten unter uns. Sieh das Mädchen dort! Es hütet Steine. Längliche Kiesel sind ihre Kühe, kleinere, weiße ihre Schafe. Es ist eine glückliche Hirtin.

Ein Kind auf dem Lande, zu dem ich mich gesellte, nachdem wir meine Heimatstadt Paderborn und das Haus meiner Familie in Trümmern zurücklassen mussten. Der zeitliche Abstand füllt uns das Gedächtnis mit Kindheit, wie jenem Liedtexter der Eingangssätze. unbeschwert und durchgehend heiter. Gewiss mischen sich einzelne bittere Erlebnisse da hinein, wenn Mutter einen Brief ihres Bruders aus dem Kriegsgefangenenlager las und ich ihre Tränen sah. Und als Vater mit dem Fahrrad über die Egge kam und mir auf der Zufahrt zum Hof zuflüsterte: „Wir haben alles verloren" und nicht weiter sprechen konnte, weil Tränen seine Stimme erstickten.

Wir lebten in einem Provisorium. Es war eng in den beiden kleinen Zimmern, für verschlissene Kleidung wusste man keinen Ersatz zu beschaffen und künftige Besserung zu erhoffen schien aussichtslos. Trotz allem, die Welt war ja noch da schöner denn je. Es gab so vieles zu entdecken im Dorf und in der Feldflur: den Hufschmied bei der Arbeit, die Zweispänner-Kolosse beim Pflügen. Auf den Frühling 1945 war Verlass, die Tage entbanden uns von der Schulpflicht und niemand konnte voraussagen, wann

dieser für uns paradiesische Zustand enden würde. Ich empfand zum ersten Mal: „Es ist herrlich zu leben!" Im Spätherbst 1946 wieder in Paderborn: Meine Familie bezog ein „Behelfsheim", wie es in der Behördensprache damals hieß. Aus der Sicht heutigen Wohnkomforts finde ich kein passendes Wort, was diese Art der Unterbringung charakterisieren könnte. Als einzige Heizquelle diente der Küchenherd von Küppersbusch. „Du musst zwei Drahtkörbe voll Holz besorgen, wenn ich etwas kochen soll", klingt mir Mutters Aufforderung noch im Ohr, wenn ich Holzstückchen herumliegen sehe. Einschlafen, bevor der Herd erkaltet und die Kälte sich einschleicht, lautete die Devise. Das Frühlicht machte die Eiskristalle glitzern, die sich über Nacht an der Wand neben meinem Bett gebildet hatten – märchenhaft anzusehen, aber grausam aufzustehen: Herdanfeuern und Katzenwäsche mit eisigem Wasser an der einzigen Zapfstelle in der Küche.
Die Schulen in Paderborn hatten ihren Betrieb wieder aufgenommen. Behelfsmäßig, den Wohngelegenheiten ebenbürtig. Einige Klassen der Georgschule fuhren mit der Straßenbahn noch Elsen zum Unterricht. Die Weihnachtsferien lasteten bleiern. Im Hause waren die Bewegungsmöglichkeiten eingeschränkt. Und draußen bedeckte Schneematsch Garten, Wege und Wiesen. Felder sumpften vor sich hin. Holzschuhe, genannt Holschen, hielten uns ans Haus gefesselt. Das einzige Paar Lederschuhe musste für sonntags geschont werden. Gummistiefel gab es noch nicht. Holzschuhe haben die fatale Eigenschaft, bei Matschschnee Stelzen unter den Sohlen anzusammeln. Hatte man den einen Holzschuh vom zusammengepressten Schnee befreit, klumpte der andere umso schneller und hartnäckiger. Auf Stelzen zu gehen, ja, das war eine Herausforderung für sich, doch an ein Fortkommen war nicht zu denken. Und ans Fußballspielen schon gar nicht! Die neue Spielleidenschaft, die sich nach meinem Zuzug in die Stadt in mir entfacht hatte, lag also brach. Wenn ich allein im

Haus war, übte ich mit einem Lumpenball. Um dabei sein zu dürfen, hatte ich einiges aufzuholen, was die Technik der Ballbehandlung betraf.
Bei günstiger Wetterlage spielten wir in jeder freien Minute Fußball in Holschen. Das verlangte uns eine besondere Feinfühligkeit ab, in den Holzkloben zu laufen und den Ball zu treten. Es blieb nicht aus, dass Holz gegen Holz krachte und mancher Schuh dabei zu Bruch ging. Je nach Lautstärke oder nach dem Grad der Beschädigung stritten wir darum, ob das Foul mit einem Frei- oder Strafstoß zu ahnden wäre.
Auf unseren Streifzügen durch die Feldfluren und Stadtrandgebiete hatten wir stets einen Ball dabei und spähten umher, wo sich uns ein Plätzchen zum Fußballspielen anbot. Denn noch herrschte Nahrungsmangel, der dazu Anlass gab, jeden Quadratmeter Humusboden mit Nutzpflanzen zu besetzen. In meinem Wohnumfeld wurde ein Sportplatz umgepflügt, ein weitläufiges Gartengrundstück parzelliert und an Familien in der Kernstadt als Pflanzgärten verpachtet. Die Not eines Teiles der Paderborner – mit Vorzug der männlichen – war so groß, dass Tabakanbau selbst im kleinsten Garten betrieben wurde. Virginia hießen die hohen rosablühenden Pflanzen, Orient die kleineren gelbblühenden.
Die Grenzen des Genießbaren dehnten sich und in gleichem Maße das Gewissen derer, die etwas besaßen oder nicht besaßen. zwei freifahrtberechtigte Frauen aus Paderborn, deren Männer Eisenbahner waren, packten die Gelegenheit beim doppelten Schopfe, stopften je zwei Säcke voll mit Runkelblättern, fuhren per Bahn nach Essen und verkauften auf dem dortigen Markt ihr Grünzeug als Spinat. Im Handumdrehen, wie sie sagten, und so verließen sie dann auch wieder den Handelsplatz. Für eine weitere Verkaufsreise wählten sie, solange die Runkelblätter noch zart waren, einen anderen, fernerab liegenden Markt. Der permanente Mangel an Grundversorgung machte erfinderisch. „Organisieren" nannte man

hierzulande Handlungsweisen, die unter Vorbeisicht der Polizei geschahen. Wo wir nicht überall Fußball gespielt haben! Auf dem Rathausplatz und zwischen grasenden Kühen. Erlaubte Plätze gab es kaum. Die fußballbesessenen Jugendlichen galten als Rowdys jener Jahre. Wir nahmen die Holschen in die Hand und liefen wie die Windhunde, wenn wir verjagt wurden. Bald gab es wieder Schuhe zu kaufen, auf streng limitierten Bezugscheinen. Die Sonntagsschuhe konnten ersetzt werden. Sie waren ab dann zu Straßenschuhen herabgesetzt. Das erlaubte uns, unser Spiel zu verfeinern. In Ermangelung eines geeigneten Platzes spielten wir auf dem Fußweg und der Fahrbahn entlang der Mauer des Westfriedhofes, an der Erzbergerstraße gelegen, die damals Roonstraße hieß. Der Namensgeber, ein Kriegsheld Preußens, wurde als nicht tot genug erkannt und die Straßenbenennung an den Erzberger abgegeben: Finanzminister der Zentrumspartei, von Offizieren des 1. Weltkrieges erschossen. Märtyrer bekamen Konjunktur. Die später erbauten Neubauviertel versammelten Widerstandkämpfer gegen Hitler. Die Erinnerungen an jene Zeiten sollten präsent gehalten werden.
Kam der Schuster unseres Viertels vorbei, sah er unserem Fußballspiel zu. Es hatte an Tempo und Eleganz gewonnen. Er interessierte sich ausschließlich für die Schuhe, die er in Reparatur gehabt hatte: „Nee, mit den Schuhen brauchst du mir nicht wiederzukommen. Die mach ich nicht mehr. Sag das eurer Mutter!" Durch diese Drohung gewitzigt, konnten wir ohne Spielunterbrechung umschalten. Rief ein Mitspieler „Achtung, der Schuhkasper!" spielten wir den Ball mit der Hand. An dieser Sportart fand der Schuhmacher kein Interesse. Sein Kollege, der Holzschuhmacher aus Sandebeck, der sich jährlich zweimal um den Bedarf unseres Holzschuhverbrauches kümmerte, vor Ort Maß nahm und aus Pappelholz fertigte, blieb allmählich aus. Das Geschäftsfeld hatte sich erledigt. Bis zur Währungsreform und auch noch darüber hinaus blieb

Sparsamkeit die Krone der Kardinalstugenden. Mein älterer Bruder machte mich auf eine Kleinanzeige aufmerksam und fragte, ob ich den Hintergrund verstände. „Linksamputierter sucht Rechtsamputierten für gemeinsamen Schuhekauf . Größe 43." Oder: „Kompagnon sucht Kompagnon, um gemeinsam den Bezugsschein für ein Paar Schuhe zu sparen."
Als ich kürzlich an der Kapuzinerkirche in Paderborn vorüberging, sah ich mich mit anderen Jungen über die Außenmauern des Gebäudes laufen. Die Kirche war damals noch ohne Dach. Ich erschrak – wie wir nach dort oben gelangt waren, sah ich nicht. Aber ich erinnere mich: Ja, wir waren da oben! Ganze Geschwader von Schutzengeln müssen über der Ruinenstadt, dem riesigen Abenteuerspielplatz der Kinder von damals, Patrouille geflogen sein. Von einem Unfall ist mir jedenfalls nichts bekannt geworden. Kinder leben in einem Schutzengelland, und dieses Paderborn in den ersten Nochkriegsjahren musste wohl mittendrin gelegen sein.

Anne Steinwart

Engel

Engel haben viele Augen
sie sehen dich
so wie du bist.
Engel haben viele Ohren
sie hören dich
auch wenn du nicht
mit ihnen sprichst.
Engel haben viele Hände
sie halten dich ganz fest
wenn du deinen Weg verlässt
Engel verirren sich nie
gib acht auf sie.

Klaus Terstesse

Stille Gassen hinter den Mauern

Nicht weit vom geschäftigen Treiben finden sich in der Paderborner Innenstadt noch manche Oasen der Stille. Zu ihnen zähle ich auch die engen Gassen, die gleich hinter den Resten der alten Stadtbefestigung den historischen Kern der Paderstadt umschließen. In ihnen begegnet der Ruhe suchende Fußgänger nur wenigen Passanten und selten einem Fahrrad oder Auto. Der Verkehrslärm von den Ringstraßen auf den einstigen Wällen dringt zwar auch in diese beschaulichen Räume; gedämpft durch die dazwischenliegenden Häuser, vermag er aber das Aufkommen romantischer Stimmungen nicht zu verhindern.
Vor allem die Jesuitenmauer zwischen Langenohlgasse und Liboristraße zieht mich immer wieder in ihren Bann: Das Auge streift über die grauen Bruchsteinmauern, verweilt kurz auf den in ihren Fugen haftenden Moospolstern und zieht sich dann an den Efeuranken hoch, die mir aus den Gärten entgegenklimmen. Entdeckerlust steigt in mir auf, und ich frage mich: „Wie schaut es wohl hinter den Mauern aus, die meine Blicke begrenzen?“ Erste leise Antwort geben mir die alten Baumriesen, die sich weit zu mir hinauslehnen.

Geborgene Erinnerung

Was dem neugierigen Auge verborgen bleibt, entfaltet sich in meiner Vorstellung: Zwischen bunten Blumenbeeten und Gebüsch stehen bemooste, ziemlich verfallene Figuren auf – steinerne Zeugen städtischer Vergangenheit, von Heimatliebe und Sammeleifer in ein grünes Asyl getragen zur Erinnerung an ferne Tage. Die Denkmalreste, die in die Außenmauer des Auffenberg´schen Gartens eingelassen sind, bestätigen mei-

ne Vermutungen. Manches Bruchstück weist darauf hin, dass es vor Jahren roher Gewalt zum Opfer fiel. Hier im Verbund der Mauersteine hat es Bergung gefunden.
Unversehens kommt mir das Schlüsselgedicht aus Eichendorffs Novelle „Das Marmorbild" in den Sinn:

Von kühnen Wunderbildern
ein großer Trümmerhauf,
in reizendem Verwildern
ein blühender Garten drauf.
Versunknes Reich zu Füßen,
vom Himmel fern und nah,
aus anderm Reich ein Grüßen –
das ist Italia! ...

Aufsteigende Bilder

Doch so, als würden neue „Erinnerungen unter den Schuhsohlen wach" (Hubert Butterwegge), entführt das alte Kopfsteinpflaster meine Gedanken in andere Weiten. Ich sehe mich in der Kleinstadt am westlichen Rande des Münsterlandes, in der ich meine Kindheit verbrachte. Auch sie war einst von einer turmbewehrten Mauer umgeben, deren erhaltene Reste bis heute die Besucher anziehen.
Vergessene Jugendbilder steigen in mir auf: Auf klapperndem Fahrrad durcheile ich die schmalen Straßen und spüre bis in die Wirbelsäule die unebenen Pflastersteine. Von dampfenden Rössern gezogene Fuhrwerke tauchen auf, und von der Schmiede meine ich sogar den gleichmäßigen Ton der Hammerschläge und den eigenartigen Geruch verbrannten Horns wahrzunehmen.

Tröstliche Ruhe

Seit meinen Kindertagen übte das Beschlagen der Pferde, ja eigentlich jedes Handwerk auf mich einen eigenartigen Reiz aus: Gelassen einen Handschlag nach dem anderen zu tun und gerade dadurch zu annehmbaren Ergebnissen zu gelangen – das scheint mir echte Befriedigung zu schaffen, ganz im Gegensatz zu der Hektik, in die uns computergesteuerte Fabrik- und Büromaschinen und auch die Registrierkassen in den Einkaufsmärkten stürzen.
Als ich aus der Jesuitenmauer in die Liboristraße einbiege und die glatten Fußwegplatten unter den Schuhen spüre, nehme ich einen Trost mit: In unseren stillen Gassen und Kirchen, den wasserdurchfluteten Parks und lauschigen Gärten – und hoffentlich auch in unseren Heimwerkerräumen und Studierstuben – ist uns die Ruhe der „guten alten Zeit" erhalten geblieben. Wenn wir die Muße, die sie uns schenken will, dankbaren Herzens annehmen, dann sind wir durchaus keine Müßiggänger, sondern gerade auf dem Weg zu einem menschenwürdigen Leben!

Gregor Westermann

Was diese Stadt ausmacht

Schon wieder eine rote Ampel. Nicht genug, dass mir an diesem Freitag die Minuten auf dem Weg zur Arbeit durch das zuerst vergessene offene Dachfenster dahinrinnen, nein auch das noch: rote Ampel! Im Radio die immer selbe Leier, nur unterbrochen von den alltäglichen Verkehrsnachrichten und, hoppla, aus dem Trott, der Meldung: Zu den 100 Dingen, die

ein Nordrhein-Westfale in seinem Leben tun muss, steht der Besuch des Libori-Festes im Ostwestfälischen Paderborn auf Platz eins. Das ist mal wieder typisch für Paderborn: gewählt zur Nummer eins gerade da, wo das Fest zu Ende ist. – Aber na, zu spät kommt man eben immer rechtzeitig! Sowieso in Ost-Westfalen – ein Grauen für jede Kompassnadel, nicht Ost, nicht West, weiß der Himmel, wie man da hinkommt. Seinerzeit brauchten sie auch einen Pfau, um Paderborn zu finden. Warum warnen die im Radio die Besucher eigentlich nicht, ihr Navi bloß nicht auf Kompass einzustellen. Warum sagen die nichts von den unzähligen roten Ampeln? Sollen die doch Ampelborn eingeben lassen, das findet jedes Navi auch ohne Kompass. Grün! Es geht weiter und stopp, schon wieder rot, na super! Schwarzer Freitag.
Barbara rief an. Sie kommt am Samstag mit Franz und den beiden Nichten – sie haben eine Familienkarte zur Credo-Ausstellung. Ich hatte sie gefragt, wie sie es denn geschafft hätte, die Nichten zu begeistern. Sie sagte nur, sie hätte jede einzeln für sich gefragt und beide sagten, wenn die jeweils andere mitfährt, ja dann auch sie. Super! Das schafft sonst keine Ausstellungswerbung, das ist Familienpolitik auf höchstem Niveau, das ist Liebe pubertierender Kinder zu ihren Eltern. – Hauptsache die geben auch Ampelborn in ihr Navi ein.
Die Ampel wieder grün und noch einmal regenbogengrün und dann doch schon bei der Arbeit – oh Mann, so fängt sonst nur ein Montag an, ein Halleluja dem Feierabend und dem Wochenende. Ulrike und ich treffen uns am Samstag mit der Credo-Verwandtschaft – am Dom, wo sonst in Paderborn. Wir fahren mit dem Rad – da gibt es weniger Ampeln. Die Nichten sind vor der Credo-Ausstellung noch shoppen und Franz und Barbara werden von uns zum Drei-Hasen-Fenster und in die Bartholomäus-Kapelle geschleift. Die Kapelle, einst der begehbare Kleiderschrank des Kaisers, so deuten wir etwas respektlos zwinkernd die Hinweistafel, ist heute ein Ort der Stille

mit super Klangqualitäten. Das Gemurmel erzeugt ein Echo. Ich flüstere Barbara zu, dass Singen klare Töne bringt. Erst vorsichtig summend, dann richtig singend, traut sie sich an ein Ave-Maria-Solo heran, noch unsicher, ob sich das an diesem Ort wohl ziemt. Das verhaltene Ave-Maria lässt die anderen Besucher erst einmal ihre Einkaufstüten abstellen und zuhören – schlecht singt sie nicht, würde der Westfale lobend sagen. Eine andere Besucherin fragte sie zum Schluss des Solos, ob sie auch Ubi Caritas zweistimming könne. Schon gab es ein spontanes Stegreif-Duett in des Kaisers alter Umkleidekammer – diesem plötzlich hochmodernen, weil interaktiven Ort. Auch der Besucher hält inne, dem das Jubilieren normalerweise fremd ist und der seine Zeit sonst vor roten Ampeln verbringt. Es ist nie zu spät und immer rechtzeitig zum Innehalten scheint das alte Gemäuer der Kapelle noch hinter uns herzurufen, als wir längst wieder im Getümmel am Rathaus stehen und die vom weltlichen Shoppen gestressten Nichten wieder treffen. Die kleine Episode aus der Kapelle wirkt nach. Das im Radio prämierte Libori-Fest wird bei den Verwandten nun auch zum Thema. Nicht, weil es jetzt zum Pflichtprogramm eines jeden Westfalen gehört, sondern weil im Stadtbild überall der Pfau die Frage aufwirft, was es denn mit ihm auf sich hat. Mein Hinweis auf den Pfau als Navi des Mittelalters, um die Gebeine des hl. Liborius zu überführen, deutet den kirchlichen Aspekt des Festes wirklich nur an. Der weltliche Aspekt ließ sich für Münsterländer mit dem vergleichbaren aber viel kleineren Ennigerloher Mettwurstmarkt erklären. Das verstehen Dörfler, die sich in den Menschenmassen des Libori-Festes unter Millionen anderen eigentlich nur schwer wohlfühlen. Nicht beim Pfau, nein im Paderquellgebiet bei den Enten warten die Waschfrauen. Waschen war damals auch ohne Waschmaschine die reinste Freude, wollen uns die Gesichter der in Bronze gegossenen Frauen wohl sagen. Ja, es stimmt, Paderborn ist nicht nur für Besucher schön und es

stimmt auch: Anderen bei der Arbeit zusehen macht hungrig. Da gibt es in dieser Stadt viele nette Plätze für stärkende Pausen, manche ganz in der Nähe lieblicher Quellen, ganz unbekümmerter Enten und total neidischer Wespen, wie wir eindringlich merken. Ein Hoch dem Regen, wenn man dann drinnen sitzen darf.
Nach-Tisch: Wir überlassen die Credo-Verwandten den Machern der Ausstellung, nicht wissend, was sie dort erwartet, doch sicher, dass der Tag für sie zu einem guten Ende kommt – sieht man davon ab, dass es auf dem Weg nach Hause zurück ins Münsterland noch viele rote Ampeln geben wird. Doch das ist es eben, was diese Stadt ausmacht: die vielen Orte zum Innehalten.

Hans-Georg Wigge

Clooney schläft

Er besaß unbestritten alle Attribute, um zu einem Publikumsliebling zu werden. Genau das war der Grund, warum ihn der Züchter am Tag seiner Geburt Clooney nannte. Seit diesem Moment rief sein Erscheinen allerorten Entzücken hervor. Mit seinem Frauchen Klara Moorberg hatte Clooney, seines Zeichens ein Bolonka Zvetna, von der neuen Wohnung in der Seniorenresidenz Rentnerfrieden in der Nähe des Paderquellgebietes und zusätzlich von allen Herzen der Senioren Besitz ergriffen. Geschickt seine Monopolstellung ausnutzend, sich bald hierhin, bald dorthin wendend, mit dem sicheren Gespür für denjenigen Menschen, der seine tröstenden, aufmunternden , feuchtnasigen Stupser gerade am dringendsten bedurfte, mutierte Clooney schnell zum

meistgeliebten Hund der Domstadt. Destruktive Apathie und viele in einem langen Leben ungestreichelte Seelen trafen auf Clooneys leidorientierte Sensoren, die ihm, wie vielen tierischen Gefährten der Menschen, inne waren. Die Leiterin des Seniorenheimes, die Clooneys therapeutischen Nutzen immens zu schätzen wusste, stellte sich mehr als einmal die Frage, wie in ein so kleines Geschöpf ein so großes Herz passte. Hätte sein Frauchen den Liebesbezeugungen nicht ab und an Einhalt geboten, wäre ihm sein Fell wohl bis auf die Knochen weggestreichelt worden. Schon bald ging das Gerücht um, der kleine Hund besäße Menschenverstand. Seinen außergewöhnlichen Status genießend, verbreitete er einen unwiderstehlichen Charme. Die vielen, ihm heimlich zugesteckten Leckerlis hinterließen bereits erste Spuren in Form eines einem Hängebauchschwein gleichenden Bauchansatzes. In den nachmittäglichen Seniorenkaffeetalkrunden ging die Mär um, dass er über einen unglaublichen Instinkt verfüge. Immer wieder sei er beim Besuch eines kleinen Mädchens, welches tagtäglich kurz einmal bei seiner Großmutter vorbeischaute, förmlich ausgerastet, trotzdem ihm das Kind mit ausgesuchter Freundlichkeit begegnete.
Niemand konnte sich das wütende Bellen, Knurren und Anspringen erklären, bis ein analytisch denkender, ehemaliger Oberstudienrat des Reismann-Gymnasiums das Mädchen bat, seinen Rucksack zu öffnen. Und siehe da, auf dem Titelblatt eines linierten Schulblockes war ein Fasan abgebildet, der den offensichtlich hervorragenden Jagdinstinkt von Clooney geweckt hatte. Niemand war Zeuge dieses Phänomens gewesen und weder das Mädchen noch der ominöse Oberstudienrat waren namentlich bekannt, doch das tat der Legendenbildung um den kleinen Wadenbeißer keinen Abbruch. Wieder einmal tollte Clooney an diesem sonnigen Nachmittag zwischen den Senioren im gemütlich gestalteten Aufenthaltsraum herum und genoss das Rampenlicht. Selbst die

Knurrigsten wurden beim Blick in diese braunen Knopfaugen weich wie Wachs im Hochsommer. Gerade entließ eine Bewohnerin den kleinen Freudenspender mit strahlenden Augen aus ihren Armen, damit er einem anderen Mitbewohner ein wenig tierische Wärme vermittelte, als Clooney langsamer wurde, das Taumeln anfing und mit einem Schnaufer zur Seite fiel. Dann raffte er sich wieder auf, rannte orientierungslos vor ein Stuhlbein, um erneut alle Viere von sich zu strecken. Fassungslos hatten die im Raum Anwesenden das makabre Schauspiel beobachtet. Selbst eine an Demenz leidende Bewohnerin, deren schwarzen Wolken der Kriegserinnerungen nur Clooney ab und zu einen Sonnenstrahl in Form eines Lächeln entlockte, die sonst stundenlang Monologe führend die Bombenangriffe auf die Domstadt gebetsmühlenartig thematisierte, den gerade gegessenen Apfel aber schon wieder unauffindbar in den dunklen Kellern ihrer Krankheit verlustig gegangen war, brach in Tränen aus und rief hysterisch nach einem Notarzt. Ein anderer hatte bereits sein Notrufarmband zweckentfremdet und musste sich nun belehren lassen, dass der Notruf nur für Menschen benutzt werden durfte. Schnell stellte ein ehemaliger Krankenpfleger und mittlerweile auch Bewohner des Seniorenheimes Rentnerfrieden fest, dass Clooney zwar wie tot auf dem Holzparkett lag, aber sein Herz noch ruhig und gleichmäßig schlug.
Vielleicht sei er vom vielen Hätscheln zu erschöpft, mutmaßten die Ersten. Sein Frauchen nahm ihn auf den Arm und begab sich mit ihm auf ihr Zimmer. Mit bebenden Fingern wählte sie die Nummer ihrer Tochter und erzählte ihr vom plötzlichen Erkranken ihres Lieblings. Diese konnte jedoch frühestens in fünf Stunden ihren Arbeitsplatz verlassen um mit Clooney den Tierarzt aufzusuchen. Daraufhin bat die alte Dame einen Wohnheimmitarbeiter um Hilfe. Der schaute sich den friedlich schlummerndenWinzling, dessen einziges aktuelles Lebenszeichen ab und zu ein reflexartiges Muskelzucken

war, an und befand, dass es sich um keinen Notfall handele. Mit den Worten: Lassen sie ihn mal in Ruhe ausschlafen und dann wird das schon wieder, ließ er Clooneys aufgelöstes Frauchen zurück. Diese hatte ihren Liebling mittlerweile in ihrem elektrischen Fußwärmer deponiert und wehrte die traubenartig auftretenden Krankenbesuche der anderen Mitbewohner an der Tür ab. Clooney braucht Ruhe, bitte nicht stören, schrieb sie auf ein Blatt und befestigte es mit Tesa am Türblatt. Selbst ihrer besten Freundin, die mit Klosterfrau Melissengeist vor der Tür stand, verwehrte sie den Eintritt. Einige Zeit später kam ihre Tochter angeeilt. Gerade als sie die Eingangstür hinter sich schloss, erwachte Clooney, gähnte, reckte und streckte sich, kam etwas wackelig auf die Beine und schaute verständnislos in das Gesicht zweier ihn interessiert und überrascht beobachtender Frauen. Clooneys Besitzerin konnte sich von ihrer Tochter nun erstmal eine Strafpredigt über noch im vollen Leben und ewig unter Zeitdruck stehende, alleinerziehende Frauen mit drei Kindern anhören, die sich auch noch um ihre hysterischen Mütter kümmern müssen, deren Hunde einen überdimensionierten Mittagsschlaf machten. Das war Clooneys Frauchen jedoch egal. Sie war froh dass er wieder unter den Aktiven weilte und betrat, nachdem ihre Tochter ziemlich angesäuert das Wohnheim verlassen hatte, unter dem Jubel der anderen mitfühlenden Senioren mit Clooney im Schlepptau den Aufenthaltsraum.
Der Prinz gab wieder seine Aufwartung und das Gefolge applaudierte. Nach dem Abendessen und einem kurzen Plausch begab sich Klara Moorberg zurück auf ihr Zimmer um nicht den Beginn vom Winterfest der Volksmusik zu verpassen. Vorab wollte sie aber noch ihre Antidepressiva und eine Beruhigungstablette nehmen. Nach dem Tod ihres Mannes war sie im Angesicht des plötzlichen Endes einer langen glücklichen Ehe in ein tiefes Loch gefallen und verdankte ihr Auftauchen aus der Dunkelheit einer behutsa-

men seelsorgerischen Therapie und dem Segen der Medizin. Schritt für Schritt kämpfte sie sich zurück in den Alltag. Sie griff in ihre Jackentasche, in der sich das Pillendöschen mit den Beruhigungstabletten befand, in dem sie sich nach dem Mittagsessen die Abendpille und bereits die drei Tabletten für den morgigen Tag gelegt hatte. Überrascht stellte sie fest, dass der Deckel des Pillendöschens abgefallen war und sie wohl beim Herausholen des Taschentuches, welches sich ebenfalls in der Jackentasche befand, die Beruhigungspillen im Aufenthaltsraum verloren hatte.
Wäre Clooney ein Mensch gewesen, hätte er sich nun einen Reim darauf machen können, warum er nach dem Genuss dieser vier kleinen Leckerlis, die ihm unter einem Tisch im Aufenthaltsraum vor die Schnauze kullerten, deren Geschmack aber nicht im Geringsten die überschwängliche Vorfreude rechtfertigte, von jetzt auf gleich in einem dem Tode ähnlichen Schlaf fiel. Da Klara Moorberg dem Verlust der Beruhigungspillen aber keinen weiteren Gedanken widmete blieb das Rätsel des mehrstündigen, spontan beginnenden Komas eines kleinen Schoßhundes bis heute ungelöst.

Caro Brand

Domnacht

Die letzten Orgeltöne sind verklungen. Katrin kramt aus ihrer Hosentasche ein paar Münzen hervor. Heute hätte ihre Mutter Geburtstag gefeiert, den 70. Daher will Katrin gleich noch eine Kerze anzünden. Es dauert eine Weile, bis sie die Kirchenbank verlassen kann. Das Konzert war ausverkauft. Sie beobachtet die Leute, die sich an ihr vorbei zum Ausgang schieben. Es ist zehn Uhr abends, und einige Gesichter sehen sehr müde aus. Katrin drängt in Richtung der Marienstatue mit dem Jesuskind. Dort steht das Gestell mit den brennenden Kerzen. Der Gang ist voll. Sie wartet, dass um sie herum Platz frei wird. Jemand stößt sie an. Die Münzen fallen ihr aus der Hand und rollen in Richtung Kanzel unter die Bänke. Stöhnend geht sie in die Knie und sucht nach dem Geld, kriecht in die Bankreihen und kann eine Münze aufheben. Das andere Geldstück ist bis zur Bankaußenseite gerollt. Katrin legt sich auf den Bauch, streckt den Arm aus. Als sie den Kopf auf die andere Seite dreht, schaut sie direkt in die Fratze am Fuß der Kanzel. Lachend hält sie inne. Das Steingesicht sieht fast so aus wie ihr Onkel Fritz, der älteste Bruder ihrer Mutter. Vor Onkel Fritz auf dem Bauch liegend, streckt sie sich noch mal und kann das Kleingeld endlich einsammeln.

Ungelenkig steht sie wieder auf und geht zur Marienstatue hinüber. Dort wirft sie die Münzen in den Sammelbehälter und entzündet eine Kerze. Wie die Zeit vergeht. Zwei Jahre ist es schon her ... Katrin schaut auf die Uhr. Halb elf. Sie sieht sich um. Niemand mehr da. Katrin läuft schnell zum Ausgang am Paradiesportal. Die Türen sind zu.

„Das ist jetzt nicht wahr!" Verunsichert eilt sie zum gegenüberliegenden Ausgang. Auch dort sind alle Türen zu. Nichts zu machen. Bleibt noch der Ausgang beim Hasenfenster. Hastig geht sie an den drei Kapellen vorbei. Auch dieser Ausgang ist zugesperrt. Sie ist eingeschlossen. Im Paderborner Dom. Und es ist fast Mitternacht. Was jetzt? Die Stille ist unheimlich. Ob hier öfter jemand eingeschlossen wird? Wer verriegelt eigentlich die Türen hier? Der Küster?

„Hallo? Jemand zu Hause? Ich will hier nicht übernachten!" Ihr fällt der Infostand beim Paradiesportal ein. Vielleicht hängt dort eine Telefonnummer aus. Im Gehen sucht Katrin in ihrer Tasche nach dem Smartphone. Doch umsonst, die Info-Kapelle ist geschlossen. Verärgert schiebt Katrin beide Hände in die Taschen. Die sind echt gründlich mit dem Zusperren. Was für ein Mist!

„Na gut, dann mache ich eben erst einmal eine Besichtigungstour. Der Dom exklusiv bei Nacht. Eine einmalige Gelegenheit. Nur heute im Angebot." Sie geht in Richtung Altar und bleibt bei der nächsten Kapelle stehen. Die Türen sind offen. Was für eine Überraschung! Mathias-Kapelle steht über dem Eingang. Raus kommt sie hier aber auch nicht. Hier liegt ein Buch aus mit den Fotos vom Dom. Fotos vom Wiederaufbau nach der Zerstörung im Zweiten Weltkrieg. Vor dem Konzert hat sie sich den Innenhof angesehen, das Hasenfenster natürlich. Direkt neben der Tür liegt noch ein Rest der Luftmine, die am 22. März 1945 den Dom getroffen hat. Während eines Jugendgottesdienstes. Einige der jungen Leute wurden dabei getötet. Ein Gedenkstein im Hof erinnert daran. Die Widmung hat sie noch im Kopf.

„Hier ruht in Gott der Jüngling Joh. Heinz Hartmann, geboren am 07.11.1928. Hier gefallen als Opfer der Luftmine". Jüngling, was für ein Wort. Katrin setzt sich neben dem Eingang auf eine Bank. Sie schaut auf ihr Smartphone und überlegt was sie machen kann. Wen sollte sie anrufen? Wäre das ein Notruf? Sie hat keine Lust, in den Lokalnachrichten zu stehen. Tja, blöd gelaufen. Das Telefonnetz ist jedenfalls aktiv. Sie sucht im Internet nach der Seite vom Paderborner Dom.

„Was machst du hier?" Katrin fährt zusammen und starrt den jungen Mann an, der neben ihr steht.
„Spinnst du? Du kannst dich doch nicht einfach so anschleichen. Um diese Zeit. Ich wäre fast tot umgefallen." Wütend starrt sie ihn an. „Du bist nicht tot", sagt er ganz ruhig.
„Nein. Bin ich nicht. Aber es ist Nacht und ich bin hier eingeschlossen. Was machst du hier eigentlich? Hast du einen Schlüssel? Kannst du mich rauslassen? Dann brauche ich nämlich nicht mehr überlegen, wen ich anrufen soll."
„Wie willst du denn anrufen? Hier gibt es kein Telefon." Katrin schaut sich irritiert den jungen Kerl etwas genauer an. Er trägt ein weißes Hemd, Stoffhosen und Lederschuhe. „Bist du Messdiener? Wieso bist du um die Zeit noch hier?" „Ich bin Heinz, Heinz Hartmann", antwortet er. "Mmmhhhhhh", überlegt er, „ich war mal Messdiener, aber das ist lange her. Ich bin hier gestorben." Für eine Weile ist Katrin sprachlos. „Was sagst du? Heinz Hartmann? Joh. Heinz Hartmann? Das ist doch der Name draußen auf dem Gedenkstein? Das ist dein Gedenkstein?" Er zuckt verlegen mit den Schultern. „Ja, der liegt meinetwegen dort". Dann schaut er sie an. „Aber wer bist du? Warum bist du hier? Wieso siehst du mich?" Sein Blick bleibt an ihrer Hand hängen. „Was hast du in der Hand? Eine Taschenlampe?" Sie schaut auf das Smartphone in ihrer Hand und lächelt.
„Nein, das ist mein Smartphone." „Smartphone?" Heinz greift vorsichtig danach. Es fühlt sich kühl an, wie ein Luftzug auf Katrins Hand. „Das ist ein Telefon." Sie schaut Heinz zweifelnd an. Das kann doch nicht am Glas Wein liegen, das sie vor dem Konzert getrunken hat. „Du, du bist ein Geist. Sein Geist. Der Geist von Heinz Hartmann, meine ich. Das geht doch gar nicht." „Ich weiß auch nicht", gibt der junge Mann zurück. „Aber ab und an finde ich mich hier wieder, im Dom. So wie heute. Manchmal sind noch mehr hier. Leute, die im Dom begraben sind oder hier gelebt haben." Heinz sieht wieder auf

Katrins Hand. „Wie funktioniert dein Telefon? Das ist interessant. Ich hab Elektriker gelernt und finde alles Technische spannend. Dein Telefon, das ist so klein, und da ist kein Hörer. Die Telefone, die ich kenne, sind größer und mit Kabel verbunden." Katrin zuckt mit den Schultern.
„Wie das funktioniert? Keine Ahnung. Ich benutze das nur. Du tippst hier auf den Bildschirm, dann kriegst du ganz viele kleine Bilder angezeigt, das sind Symbole. Für jede Funktion gibt es ein Symbol. Hier mit dem grünen Hörer kann man telefonieren. Der Briefumschlag ist das Symbol für die SM S..." Heinz nimmt das Handy an sich. „Ein Bildschirm? Was ist SMS?" Er dreht das Gerät um. „Wie kriegt das Strom? Da passt doch keine Batterie rein." „Doch. Da ist ein Akku drin. Den muss man aufladen" versucht Katrin zu erklären. „Ein Akku? Ist das die Abkürzung für Akkumulator?" Katrin verdreht die Augen.
„Diesen technischen Kram kann ich dir nicht erklären. Guck doch im Internet nach." Heinz schaut sie fragend an.
„Was ist das? Internet?"
Oh, Mist! Katrin überlegt angestrengt, wie sich das am besten erklären lässt. 1945 war an Internet noch gar nicht zu denken.
„Also: Das ist so etwas wie eine ganz große Bibliothek. Eine Bibliothek, in der man fast alles Wissenwerte nachschlagen kann. Das ist alles von ganz vielen Menschen zusammengetragen. Warte, ich zeige es dir einfach." Katrin tippt mit dem Finger auf das Browsersymbol, schreibt ‚Akku' in die Suchzeile und bestätigt. Dann hält sie ihm den Bildschirm hin.
„So. Jetzt hast du mehrere Zeilen zur Auswahl. Eine Bibliothek hat ja auch mehrere Bücher. Eine blaue unterstrichene Zeile heißt Link. Da tippst du drauf, wenn du mehr lesen willst. Wir nehmen den hier. Da steht Akkumulator, wie du schon gesagt hast. Hier steht was von wiederaufladbarer Speicher für elektrische Energie und irgendwas mit galvanischen Zellen. Ich kann damit nichts anfangen." Der Junge liest interessiert.
„Und wenn ich auf einen blauen Eintrag tippe, kann ich noch

mehr dazu lesen?“ fragt er und tippt auf den Bildschirm. „Toll! Das ist ja klasse! Stromquellen, Spannung, Batterie ...“
Katrin setzt sich wieder auf die Bank. Irgendwie fühlt sie sich veralbert. Hier im Dom einem Geist das Internet zu erklären. Wahrscheinlich träumt sie das nur. Der junge Mann vor ihr tippt begeistert auf dem Display des Smartphones herum.
Amüsiert dreht sie sich um und sieht in den Dom. Bestürzt springt sie auf. In der Halle laufen noch mehr Gestalten herum. Heinz hebt den Kopf. „Wie kann ich noch mal einen neuen Begriff suchen?“ Er folgt ihrem Blick. „Oh, heute sind noch mehr Seelen hier. Da kommt Karl. Der große König. Weißt du?“
Katrin ist völlig fertig. Jetzt auch noch Karl der Große! Langsam spinnt sie wirklich.
Ein großer bärtiger Mann in einem roten Umhang mit dicker Brosche kommt in die Mathias-Kapelle. Er mustert Katrin kurz und wendet sich an Heinz. „Hey, dich hab ich hier doch schon mal gesehen. Was machst du da?“ Heinz deutet auf das Telefon. „Ich lese gerade im Internet.“ „Was heißt das, du liest? Was leuchtet da in deiner Hand?“ Heinz hält dem Neuankömmling das Telefon vor die Nase.
„Hier, lies mal, da steht ganz viel über dich drin. Von wann bis wann du gelebt hast. Wer deine Eltern waren. Was du alles so gemacht hast.“ Der Bärtige schiebt die Hand des Jungen von sich. ‚Lies vor, was da steht.“ Derweil sitzt Katrin in ihrer Bank und rührt sich nicht mehr. Das ist ja irre, was hier los ist. Aus den Augenwinkeln sieht sie eine Frau in Ordenstracht und einen Mann mit Priesterkappe im Mittelgang. Dann schließt sie die Augen, atmet tief durch und fängt an zu zählen. Als sie bei hundert ist, öffnet sie wieder die Augen. Dann ist der Spuk bestimmt vorbei.
Eine Tür knallt, und Katrin schreckt hoch. Tageslicht scheint durch die Fenster der Kapelle. Sie blickt verstört um sich. Dann erinnert sie sich wieder. Sie ist allein. Ihr Smartphone liegt auf der Bank neben ihr. Sie greift danach. Vorsichtig geht

Katrin zum Gittertor und sieht zum Altar. Vor dem Altar steht die Rothaarige, die am Abend Programmzettel verteilt hatte. Sie ist mit dem Blumenschmuck beschäftig. Schnell schleicht sich Katrin zum Domausgang. Er ist offen. So leise wie möglich verschwindet sie. Draußen holt sie tief Luft. Puh. Das war knapp. Zum Glück musste sie niemandem etwas erklären. Was hätte sie auch sagen sollen? „Ihr habt mich eingeschlossen? Das ist Freiheitsberaubung, ich zeige euch an? Und dann wäre sie erst recht in den Nachrichten, den ganz großen. Das wäre eine schöne Schlagzeile. Frau nachts im Dom eingesperrt – Jetzt spricht sie mit Geistern. Wie spät ist es eigentlich? Katrin schaut auf ihr Handy und erstarrt. Der Browser ist aktiv. Eine Seite ist geöffnet. Karl der Große – König der Franken. Sie blättert zurück. Konrad Martin – Wikipedia, Akkumulator Es ist Zeit, nach Hause zu gehen.

Britta Kley

Streifzug

Paderborn – wo der Himmel der Erde am nächsten ist. Dieser Satz begleitete mich durch die Jahre meiner Jugend, und er tut es bis heute. Ich kann mich nicht daran erinnern, wann ich ihn zum ersten Mal gehört habe. Nur wem wir diese Äußerung zu verdanken haben, ist mir bekannt. Es war – ein bis heute – sehr guter Freund unserer Familie. Anlässlich der Hochzeit meiner Eltern und ihres, nur einen Tag später folgenden Umzugs nach Paderborn, gab er den beiden diese ironisch gemeinte Bemerkung mit auf den Weg.

Für mich hat Paderborn etwas Anziehendes. Die vielen Menschen, die durch die Fußgängerzone schlendern, inspirieren mich – die ich auf dem Land aufgewachsen bin – immer wieder neu. Häufig fahre ich hierher und lasse mich mit dem Strom von Geschäft zu Geschäft treiben. Gelegentlich denke ich dann an den eindrücklichen Satz. So wird mir einmal mehr bewusst: Ich bin mitten in Paderborn, dort, wo der Himmel der Erde am nächsten ist.

Neben dem Warenangebot, das sich im Vergleich zu meinem letzten Stadtbummel natürlich nicht wesentlich verändert hat, fällt mein Blick auf die Menschen, die mir entgegenkommen. Viele von ihnen sind in ein Gespräch vertieft und nehmen ihre Umgebung gar nicht wahr. Für einen kurzen Moment habe ich Anteil daran und frage mich, ob sie auch glauben, dass in Paderborn der Himmel der Erde am nächsten ist. Eine junge Frau geht in aller Ruhe an mir vorbei. Sie ist allein unterwegs und müht sich mit ihren Einkaufstüten ab. Die nicht sehr strapazierfähigen Griffe der Tüten dehnen sich unter der schweren Last und drohen zu reißen. Wie erfolgreich ihre Einkaufstour gewesen ist, ist mir schon vorhin aufgefallen. Im Bruchteil einer Minute sehe ich jetzt erst ihr

Gesicht. Was verrät es mir? Zweifellos, diese Frau ist glücklich. Ihre Augen leuchten. Für sie ist der Himmel hier in Paderborn ganz nah.

Nur wenige Meter weiter sehe ich einen Mann mittleren Alters mit seinem Schäferhund vor einem Geschäft sitzen. Von dem Treiben vor seinen Füßen bekommt er scheinbar gar nichts mit. Er hat sich abgeschottet, lebt in seiner eigenen Welt und streichelt gedankenverloren seinen treuen Begleiter. Sein Blick fällt verstohlen auf einen Plastikbecher, in dem er Geldstücke sammeln möchte. Mit einer alten, grauen Jacke voller Flecken versucht er, sich vergeblich vor der Kälte zu schützen. Auch der Teil eines Pappkartons, der auf dem feuchten Asphalt liegt, hält die Kälte nicht wirklich ab. Sein Gesicht kann ich nur erahnen, weil er sich immer noch liebevoll mit seinem Hund beschäftigt. Eine Freundschaft, die beide Seiten trägt. Ich spüre das Unbehagen des Mannes, als ich an ihm vorbeikomme. Diese Begegnung beeindruckt mich. Paderborn – wo der Himmel der Erde am nächsten ist? Nein, für den Mann klingt dieser Satz wie Hohn. Ich tue das, was ich für ihn machen kann und gebe ihm etwas Kleingeld. Darauf hebt er seinen Blick und sagt: „Danke." Innerlich zucke ich zusammen, denn es schaut mich ein Mann an, der sich resigniert seinem Schicksal ergibt.

Nachdenklich mache ich mich in Richtung Rathaus auf. Dabei nehme ich die an mir vorbeigehenden Menschen gar nicht wahr. Zu intensiv ist der Eindruck, den der Obdachlose bei mir hinterlassen hat. Wie gut habe ich es doch! Erst die ausgelassene Stimmung vor dem Rathaus holt mich aus meinen Gedanken zurück. Aus einigen Metern Entfernung sehe ich, wie ein junges Paar gerade zahlreiche Glückwünsche von Freunden und Bekannten entgegennimmt. Beide sind noch ganz gerührt von der Trauung, die wohl eben stattgefunden hat. Ich lasse mich gerne von der Freude anstecken und verlangsame mein Tempo. So bekomme ich noch mit, wie dem

Brautpaar zwei rote Luftballone in Herzform überreicht werden. Sie sollen sie jetzt in den Himmel steigen lassen. Hier in Paderborn – wo der Himmel der Erde am nächsten ist.
Ich setze meinen Weg in Richtung Dom fort und begegne einer Gruppe fremdländisch aussehender Frauen und Männer. Sie machen auf mich einen ärmlichen Eindruck. Wer weiß, welchem Schicksal sie entflohen sind. Wahrscheinlich suchen sie bei uns Asyl. Möge es ihnen gelingen. Hier bei uns in Paderborn, wo doch der Himmel der Erde am nächsten ist.

Über die Autoren

Dieter Bartha, 1943 in Siebenbürgen als Sohn eines Buchhändlers geboren, hat Volkswirtschaft und Rechtswissenschaften studiert und war bis 2006 Erster Beigeordneter und Kämmerer der Stadt Paderborn. 2009 erschien sein Roman „Münchner Verlobung". Daneben hat er mehrere Kurzgeschichten veröffentlicht.

Dr. Gundi Bernartz, Jahrgang 1958, lebt seit 1977 in Paderborn. Sie hat hier BWL studiert, ist verheiratet und hat drei Töchter. Beruflich ist sie im Bereich Wohnungsvermietung und -verwaltung tätig. Das Schreiben ist für sie immer sehr wichtig geblieben und macht ihr großen Spaß. Schon viele Jahre schreibt sie auch in einer festen Gruppe, die seit 2007 den „Paderborner Literaturkalender" erstellt.

Brigitte Braun, geboren 1938 in Fürth, studierte Germanistik und Geschichte. 30 Jahre war sie als Realschullehrerin tätig, 1981, nach vielen Ortswechseln, ist sie mit Mann und Sohn in Paderborn gelandet und zur Ruhe gekommen. Seit 1996 ist sie Mitglied der Schreibwerkstatt unter Leitung von Frau Dr. Telgenbüscher.

Marion Bunte, 66 Jahre, hat als Fachlehrerin in einer Sonderschule gearbeitet und ist jetzt Rentnerin. Ehrenamtlich begleitet sie Schüler/innen in einer Grundschule und unterstützt einen kleinen Fairtrade- Laden. 2 Enkelkinder bereichern ihren Alltag. Geschichten und Gedichte hat sie schon als Kind gerne geschrieben.

Hans-Joachim Chollet, geboren 1933 in Schwedt/Oder, lebt seit 1963 in Paderborn. Er war Gründer und Leiter der Evangelischen Volksschule Hövelhof 1963-1969 und dann dort bis 1995 Realschullehrer. Seine letzten Buchveröffentlichungen: Der Lebensbaum und andere Ich-Geschichten (2007), Abenteuer im (un)christlichen Alltag (2006) sowie zahlreiche Veröffentlichungen in Anthologien und Zeitschriften.

Andreas Dierkes, geboren 1978, ist in Bad Wünnenberg aufgewachsen und wohnt nun in Paderborn. Seit August arbeitet er nicht mehr als Dozent für englische Literaturwissenschaft an der Universität, stattdessen hat er mit seinem Referendariat als Englisch- und Deutschlehrer begonnen.

Ann-Britta Dohle wurde 1962 in Bonn geboren und lebt heute mit ihrem Mann und ihrer Tochter in Paderborn. Sie studierte Philosophie und Literaturwissenschaften in Hamburg, besuchte die Schauspielschule in Köln, lernte Theaterregie und studierte zuletzt Diplom-Sozialpädagogik an der „KatHO" in Paderborn. Sie schreibt Kritiken für eine Tageszeitung und arbeitet als Theaterregisseurin und Schauspielerin.

Hildegard Eikel, 1934 in Paderborn geboren, studierte Pädagogik, arbeitete fast 40 Jahre im Schuldienst, davon 33 Jahre als Konrektorin an der Elisabethschule in Paderborn und ist seit 1989 tätig als Schriftstellerin und Autorin.

Volker Garske, 1966 in Meschede geboren, studierte nach dem Abitur am Gymnasium Antonianum Geseke Germanistik und Kath. Theologie für das Lehramt an Gymnasien an der Universität Paderborn. Im Anschluss an ein Promotionsstudium zum „Dr. phil." war er mehrere Jahre im Schuldienst am Kreisgymnasium in Halle/W., bevor er 2002 als Dozent für die Religionspädagogik nach Paderborn an die Universität wechselte. Heute lebt er in Paderborn-Wewer.

Natascha Hefenbrock, Jahrgang 1966, lebt in Paderborn, ist verheiratet, hat drei Kinder und arbeitet als Lehrerin.

Roland Hermes, geb. 1956, verheiratet, zwei erwachsene Kinder, Lehrer am Westfalen-Kolleg Paderborn.

Christiane Höhmann lebt und schreibt in Paderborn. Sie war über 20 Jahre lang als Gymnasiallehrerin tätig und arbeitet heute als Lehrbuch-Autorin und Dozentin für Kreatives Schreiben. 2007 erhielt sie den Akademiepreis Wolfenbüttel in der Sparte Literatur.Neben Gedichten, Kurzgeschichten und Essays veröffentlichte sie den Roman „Zeit wie Wasser" (2009) und den Kriminalroman „Puppenvater" (2006). Seit 2006 ist sie Mitglied im Syndikat.

Monika Kopatz, Paderbornerin, ist verwitwet, hat drei Kinder und sieben Enkelkinder. Sie ist Autorin von „Sennesand und Muckefuck", „In inniger Feindschaft", „Brief nach Apulien", „Das verschenkte Kind" und vielen Kurzgeschichten. „Der Ruf des Käuzchens" erschien 2011. Eine große Freude war der Gewinn des zweiten Platzes des Paderborner Literaturwettbewerbs 2009.

Vanessa Monique Labancz wurde 1993 in Bünde in Westfalen geboren. Sie ist bereits Autorin und veröffentlicht ihre Bücher durch das sogenannte „Self-Publishing" im Internet.
Derzeit lebt sie in Paderborn und will ihre Bücher an die Menschen bringen.

Helmut H. Linse wurde 1930 geboren. Seine Familie lebt nun schon in der 3. Generation in Paderborn, die 4. und 5. Generation wachsen hier auf. Lange Zeit war er im Außendienst tätig

Ute Mahon, geboren 1951 in Siegen, studierte Anglistik und Romanistik in Münster und war danach tätig als Language Instructor am britischen Heeresbildungszentrum in Paderborn. Sie lebt seit 38 Jahren in Paderborn und ist jetzt Hausfrau.

Hartmut Mecke, Oberstudiendirektor a. D., Jahrgang 1940, wohnt in Paderborn. Nach dem Abitur studierte er in Wien und war ab 1962 an der Pädagogischen Hochschule in Dortmund tätig. Ab 1965 arbeitete er als Volksschul- und ab 1972 Realschullehrer, ab 1978 war er Studienrat am Gymnasium in Geseke und ab 1981 Oberstudienrat am Michaelskloster. 1991 wurde er erster weltlicher Direktor des Gymnasiums und ist seit 2003 im Ruhestand. Er ist Autor der zweibändigen Geschichte des Michaelsklosters „Up de Nonnen“ aus Anlass seines 350-jährigen Bestehens.

Roland Medicke, 1957 in Paderborn geboren, begann sein Berufsleben mit einer Ausbildung zum Koch. Nach 25 Jahren in diesem Beruf ist er seit 1997 als Laborant im Bereich der Lebensmitteluntersuchung beschäftigt. Seine Beziehung zu Paderborn ist durch seine dort verbrachte Kindheit und eine Wiederentdeckung nach über 40 Jahren geprägt.

Hermann Multhaupt, 1937 in Beverungen geboren, war Journalist in Karlsruhe, Offenburg, Mannheim, in der bayerischen Oberpfalz sowie in Baden-Baden und von 1979 bis 2000 Chefredakteur der Kirchenzeitung „Der Dom“ in Paderborn. Bekannt wurde er durch die Sammlung und Übersetzung irischer Segenswünsche. Inzwischen hat er 70 Bücher geschrieben und unter anderem den Journalistenpreis der Deutschen Bischofskonferenz erhalten.

Celia Ndzala, 1966 im westfälischen Gronau geboren, studierte Germanistik, Hispanistik und Erziehungswissenschaften in Paderborn. Stipendien führten sie u.a. in die Niederlande, nach Alicante, Santiago de Compostella und auf die Kanarischen Inseln, wo sie für ein Jahr an einem Gymnasium unterrichtete. Mittlerweile ist sie als Studienrätin an Berufskollegs tätig.

Andreas Osterhold, 1961 geboren in Niedersachsen, aufgewachsen in Korbach, daher im Herzen Waldecker, seit 1988 auch (mittlerweile) überzeugter Paderborner. Gerne mit dem Rad oder zu Fuß in und um Paderborn unterwegs. Lieber Basketball als Fußball, aber auch Kino und „Kammerspiele".

Ester Johanna Penner, Jahrgang 1991, studiert an der Paderborner Universität.

Angelika Peplinski, Jahrgang 1995, absolvierte gerade ihr Abitur und geht nun für ein freiwilliges soziales Jahr nach England.

Charlotte Prang wurde 1951 in Soest geboren, wuchs im Wendland auf und lebt jetzt seit über 40 Jahren in Paderborn. Zwei Töchter und zwei Enkel sind ihr ganzer Stolz. Sie arbeitete über vierzig Jahre in unterschiedlichen sozialen Einrichtungen und ist noch freiberuflich als Heil- und Diplom-Pädagogin tätig. Mit dem Schreiben begann sie vor 15 Jahren und seit dem publizierte sie Fachartikel, Kinder-(Sach-)geschichten sowie Kurzgeschichten..

Paola Reinhardt, ist in Paderborn geboren und aufgewachsen. Die ausgebildete Sekretärin wohnt seit 30 Jahren in Bad Lippspringe und hat seit 1982 zahlreiche Kurzgeschichten, Kurzkrimis, Gedichte in den unterschiedlichsten Printmedien und online veröffentlicht, ebenso in zahlreichen Anthologien. Zwei Bücher: „Lilli" und „Nicht unter die Haut".

Maria E. Römhild wurde 1948 geboren, lebt und schreibt auf dem Land.

Anne Seibel, 79 Jahre, schrieb schon als Schülerin des Michaelsklosters heimlich Gedichte für ihre Mitschülerinnen. Auch nach dem Besuch der Höheren Handelsschule und während ihrer Tätigkeit im Groß- und Einzelhandel blieb das Schreiben ihre heimliche Leidenschaft.

Hermann Simon, 1936 in Paderborn geboren. Die Kriegs- und Aufbruchsjahre ließen ihn Wurzeln schlagen im Kreis Höxter, im Saarland studierte er. Den Anstoß zum Schreiben gab ihm eine entfernt verwandte Tante, eine begnadete Erzählerin – diese Leidenschaft lässt ihn bis heute nicht los.

Anne Steinwart wurde 1945 in Westfalen geboren, wo sie noch heute mit ihrem Mann lebt. Sie ist ausgebildete Rechtsanwalts- und Notariatsgehilfin. Seit 1988 arbeitet Anne Steinwart als freie Autorin. Inzwischen hat sie zwei weitere Gedichtbände und über 30 Kinderbücher geschrieben, die zum Teil in mehrere Sprachen übersetzt wurden.

Klaus Terstesse, geboren 1935 in Düsseldorf, wuchs im westmünsterländischen Borken auf. Nach dem Studium in Münster und Paderborn erhielt er 1961 in Marl seine erste Lehrerstelle. 1967 kehrte er endgültig heim ins Land der Väter (der Urgroßvater war Kreisarzt in Büren). Bei der redaktionellen Arbeit an der „Brücke“, der „Paderborner Zeitung von Älteren für Ältere“, entdeckte er wieder die eigene Lust am Schreiben: Den Gedichten der Jugend folgten – vor allem nach der Zur-Ruhesetzung als Grundschulrektor – mancherlei besinnliche Texte sowie heimatgeschichtliche und naturkundliche Darstellungen, die in Zeitschriften und Anthologien Aufnahme fanden. 2001 brachte er im Paderborner MuNe-Verlag unter dem Titel „Das Leben des Bischofs Meinwerk von Paderborn“ die erste deutsche Übersetzung der mittellateinischen „Vita Meinwerci“ heraus.

Gregor Westermann, Jahrgang 1959 und gebürtig aus dem Bergischen Land, wuchs im Münsterland auf. Ihn verschlug es 1979 nach Paderborn. Heute wohnt er in Altenbeken und arbeitet in Paderborn. Die vielen Wege dorthin und die langen Momente vor roten Ampeln machten ihn zum Autor der hier vorliegenden Kurzgeschichte.

Hans-Georg Wigge, geboren 1958, ist verheiratet und hat drei (wunderbare) Kinder. Von Beruf ist er Fahrdienstleiter der DBAG, Hobbypoet und Mädchenfußballtrainer.

Karo Brand, Jahrgang 1965, lebt seit mehr als 20 Jahren in DER Hochburg von Ostwestfalen. Als Zugezogene blieb sie hartnäckig und wurde in Paderborn heimisch. Sie arbeitet als Dienstleisterin im Informatikbereich und hat 2003 in der ehemaligen Schreibwerkstatt der VHS ihre ersten Texte verfasst. Als Mitglied der Paderborner Autorengruppe ZeilenSprung, die den Paderborner Literaturkalender 2007 bis 2013 gestaltete, legt sie Wert auf einen regionalen Bezug ihrer Texte.

Britta Kley wurde 1981 in Paderborn geboren und absolvierte nach dem Abschluss der höheren Handelsschule eine Ausbildung im kaufmännischen Bereich. Das Schreiben von Gedichten, Kurzgeschichten und Sinnsprüchen ist zu ihrer großen Leidenschaft geworden.